커피&바리스타 첫걸음

# COFFEE
# &
# BARISTA

Copyright ⓒ 2023 by Youngjin.com Inc.
401, STX-V Tower, 128, Gasan digital 1-ro, Geumcheon-gu, Seoul, Republic of Korea.
All rights reserved. First published by Youngjin.com. in 2023. Printed in Korea
저작권법에 의해 한국 내에서 보호를 받는 저작물이므로 무단 전재와 복제를 금합니다.

**ISBN** 978-89-314-6771-0

**독자님의 의견을 받습니다**
이 책을 구입한 독자님은 영진닷컴의 가장 중요한 비평가이자 조언가입니다. 저희 책의 장점과 문제점이 무엇인지, 어떤 책이 출판되기를 바라는지, 책을 더욱 알차게 꾸밀 수 있는 아이디어가 있으면 이메일, 또는 우편으로 연락주시기 바랍니다. 의견을 주실 때에는 책 제목 및 독자님의 성함과 연락처(전화번호나 이메일)를 꼭 남겨 주시기 바랍니다. 독자님의 의견에 대해 바로 답변을 드리고, 또 독자님의 의견을 다음 책에 충분히 반영하도록 늘 노력하겠습니다.

파본이나 잘못된 도서는 구입처에서 교환 및 환불해드립니다.

**이메일 :** book2@youngjin.com
**주 소 :** (우)08507 서울특별시 금천구 가산디지털1로 128 STX-V타워 4층 401호
**등 록 :** 2007. 4. 27. 제16-4189호

## STAFF
**저자** 황호림 | **총괄** 이혜영 | **진행** 김선희 | **디자인·편집** 김효정 | **영업** 박준용, 임용수, 김도현, 이윤철
**마케팅** 이승희, 김근주, 조민영, 김민지, 김진희, 이현아 | **제작** 황장협 | **인쇄** 제이엠

커피 & 바리스타 첫걸음

# COFFEE
# &
# BARISTA

황호림 저

YoungJin.com Y.
영진닷컴

PROLOGUE

커피는 근대와 현대를 거치면서 우리 사회에 없어서는 안 될 중요한 문화로 자리 잡았습니다. 처음 극소수의 사람들이 즐기던 원두커피에서 한국전쟁 후 인스턴트 커피로, 우리나라에서 세계 최초로 개발한 커피믹스 열풍까지 변화를 거듭해 왔습니다. 그러다가 90년대 스타벅스를 시작으로 기하급수적으로 증가한 카페는 세계적으로 그 사례를 찾아보기 드물 정도죠. 그러나 이제는 다양한 장소에서, 다양한 방법으로 조금 더 깊고 풍부한 커피 맛을 즐길 수 있는 시대로 접어들었습니다. 쓰고 강한 맛의 커피가 대부분이었던 문화에서 다양한 맛과 향을 찾는 문화로 바뀐 것이죠. 이러한 변화로 싱글오리진Single Origin 커피와 고품질 커피인 스페셜티 커피Specialty Coffee의 소비가 증가하고 있습니다.

집이나 사무실에서 간편하게 즐길 수 있는 커피를 홈 카페 또는 '브루잉Brewing' 커피라고도 하는데요. 신선한 원두와 물을 이용해 커피를 추출할 수 있는 도구는 모두 브루잉의 범주에 해당된답니다. 미국인들이 많이 사용하는 커피메이커, 퍼컬레이터도 브루잉 도구에 해당하고 이탈리아 가정에서 많이 사용하는 모카포트, 프랑스에서 많이 사용하는 프렌치프레스 등도 마찬가지죠. 우리나라 일본은 핸드드립과 더치커피가 강세인데요. 이러한 브루잉 혹은 홈 카페 커피는 에스프레소보다 깊고 다양한 맛과 향이 매력입니다. 그리고 언제 어디서나 간편하게 즐길 수 있다는 장점도 있죠.

2010년 즈음 인사동 골목에서 작은 카페를 운영하던 저는 월간 〈커피앤티〉 잡지에 칼럼니스트로 기고하면서 카페와 커피 문화에 대해 많은 고민을 했습니다. 그 당시만 해도 비싸게 인식되던 에스프레소 커피의 경쟁이 치열해지면서 저가 커피가 등장할 것이고, 이로 인해 많은 카페들이 문을 닫게 될 것이라고 생각했습니다. 하지만 커피에 대한 수요는 줄어들지 않을 것이니 자연스럽게 집이나 사무실에서 간편하게 즐기는 문화가 형성될 것이라고 예상했죠. 그래서 카페를 운영하면서, 저녁에는 사람들에게 집에서 즐길 수 있는 커피 기술을 가르치기 시작했습니다. 그리고 머지 않아 카페도 정리했죠.

시간이 흐른 지금 제 예상처럼 커피 문화는 변하고 있습니다. 그래서 지난 수년간 커피를 즐기며 공부하던 노력을 정리해 이 책을 출간하게 되었습니다. 변함없는 진실된 마음으로 인사동 '커피선생 옥탑방'의 역사와 함께해 주었으며, 이 책을 함께 만들어 준 모든 분들께 깊은 감사의 인사를 전합니다. 아울러 이 책을 보고 공부하시는 여러분에게도 커피선생 IP 아카데미 교육 과정이 항상 개방되어 있음을 알려 드립니다.

## CONTENTS

**PROLOGUE**

### PART 01 커피&바리스타 첫걸음

- 012 브루잉을 시작하기 전에
- 020 인스턴트에서 브루잉 커피 시대로

### PART 02 브루잉에 대한 모든 것

- 026 필터 방식
- 044 페이퍼 드립 추출법
- 047 다양한 드리퍼 사용법
- 054 누가 내려도 같은 맛을 연출하는 케멕스
- 057 핸드드립의 드리퍼를 응용해 만든 클레버
- 060 물결의 원리를 이용한 웨이브 드리퍼
- 062 면과 모직을 혼합해 만든 융 드립
- 065 휴대용 올인원 커피메이커 카플라노
- 068 여행용으로도 좋은 그라인드리퍼
- 071 반영구 필터 콘
- 074 야외활동에 적합한 칼리타 뉴칸토리
- 077 어느 집에나 한 대씩 있는 커피메이커 셀렉션

- 080 인퓨전 방식
- 082 누구나 쉽게 사용할 수 있는 프렌치프레스
- 085 침출식 커피를 만드는 인퓨전 커피메이커

088 진하고 구수한 커피 맛, 베트남 핀
091 커피를 차게 즐기기 위해 개발된 콜드 브루
095 집에서 간편하게 즐기는 이와키 워터드립

098 **프레스 방식**
100 신혼부부의 필수 아이템 모카포트
103 주사기의 원리를 이용한 에어로프레스
107 쉽지 않은 생김새의 사이폰
111 초간단 에스프레소 캡슐커피
114 휴대용 에스프레소 머신, 핸드프레소
117 카페 부럽지 않은 가정용 에스프레소 머신

120 **보일링 방식**
122 커피 추출의 원조 이브릭
124 숭늉처럼 구수한 맛을 표현해 내는 퍼컬레이터
127 독특하게 생긴 나폴리타나

## PART 03 어렵지 않게 직접 커피 볶기

132 생두의 선택과 결점두 골라내기

140 **집에서 커피 볶기**
141 채망 로스팅
143 도자기 로스팅
145 프라이팬 로스팅

**PART 04 커피의 맛은 추출에서부터**

- 152   원두의 로스팅 정도에 따른 추출법
- 158   분쇄도와 커피 맛의 상관관계
- 160   그라인더의 종류
- 164   다양한 커피 추출 방식
- 168   추출할 때 고려해야 할 사항

**PART 05 커피 잔의 선택**

- 178   재질에 따른 커피 잔의 종류
- 186   용도에 따른 커피 잔의 종류
- 190   커피를 맛있게 즐기는 방법

**PART 06 좋은 커피 찾기**

- 196   커피의 이동 경로
- 210   커피의 이름에 숨겨진 비밀
- 218   어떤 커피가 맛있을까
- 222   커피의 신선도를 확인하는 방법

## PART 07 커피를 보는 안목

- 230 커피의 역사
- 236 커피 메뉴에 담긴 이야기들
- 250 인스턴트커피는 어떻게 만들어질까
- 254 세계 3대 명품커피와 희귀커피
- 258 각기 다른 매력이 있는 세계의 커피 맛

## PART 08 커피 레시피

- 290 카페 알롱제
- 292 카페오레
- 294 비엔나 커피
- 296 카푸치노
- 298 아이리시 커피
- 300 로열 커피
- 302 알렉산더 커피
- 304 카페 콘파냐
- 306 카페 젤라토
- 308 카페 글라세

EPILOGUE

# 커피&바리스타 첫걸음

커피가 우리나라에 처음 전파되었을 때는 원두를 갈고 추출해서 마시는 원두커피였습니다. 하지만 인스턴트커피가 개발되고, 우리나라에서 세계 최초로 개발한 커피믹스가 대중화되면서 커피는 달달한 맛을 내는 음료로 잘못 인식되어 왔습니다. 그리고 뒤이어 불기 시작한 카페 열풍 이후로 커피는 커피전문점에서 마셔야 할 것 같은 고정관념이 생겼죠. 하지만 이제는 '홈 카페' 시장으로 바뀌고 있습니다. 그럴싸한 에스프레소 머신이 없어도, 복잡하고 어려운 로스팅 과정을 몰라도, 커피에 대한 관심과 열정만 있다면 집이나 사무실에서도 충분히 맛있는 커피를 즐길 수 있게 되었습니다.

**START**

# 브루잉을
# 시작하기 전에

커피를 하루에 1잔 이상 즐기는 사람은 물론이거니와 커피를 잘 마시지 않는 사람이라 할지라도 '에스프레소, 아메리카노, 카페라테' 등과 같은 커피 메뉴나 '커피메이커, 핸드드립, 캡슐커피'와 같은 용어는 한 번쯤 들어 봤을 텐데요. 하지만 '홈 카페'라는 용어는 다소 생소할 듯합니다. 홈 카페라는 말을 우리말로 직역하면 '집에 있는 카페' 정도인데 이는 커피전문점이 아닌 집이나 사무실에서 커피를 즐길 수 있는 방식을 말합니다. 미국식 다른 표현으로는 '브루잉Brewing'이라는 용어를 쓰기도 하는데요. 커피나 차를 우려내거나 끓이는 방식으로 추출하는 것을 말합니다. 미국에서는 일상적으로 '커피를 내리다'는 의미로 'Brew Coffee' 혹은 'Brew Some Coffee'라고 표현하기도 하죠.

그동안 우리나라의 커피 문화는 원두커피, 인스턴트커피, 커피믹스, 에스프레소 커피 순으로 변해왔습니다. 현재까지는 커피전문점에서 에스프레소 머신으로 내려서 만드는 메뉴가 대세인데요. 앞으로는 에스프레소보다 부드럽고 다양한 맛을 표현할 수 있는 도구를 활용해 저렴한 비용으로 집이나 사무실에서 커피를 즐길 수 있는 브루잉 커피 문화가 꽃을 활짝 피울 것입니다. 크고 복잡한 기계가 없어도, 화려한 기술이 없어도 커피에 대한 관심과 신선한 원두만 있다면 커피전문점 못지않게 맛있는 커피를 즐길 수 있는 시대가 된 것이죠.

## 브루잉 커피의 매력

브루잉 커피 도구들은 집이나 사무실에서 간편하게 즐길 수 있도록 만들어졌기 때문에 원두와 물만 있으면 커피를 추출해 마실 수 있습니다. 에스프레소 머신으로 내린 커피에 비해 농도가 연하고 부드러워서 마일드한 커피를 즐기는 사람들에게는 더할 나위 없이 좋은 맛을 선사합니다. 또한, 홈 카페 도구로 내린 브루잉 커피는 우유나 설탕 등 부재료를 넣지 않고 즐기기 때문에 원두커피 본연의 맛과 향을 느낄 수 있습니다. 쓰고 강렬한 에스프레소 커피와는 달리 부드러운 쓴맛과 신맛 그리고 기분 좋은 여운이 브루잉 커피의 특징이죠.

## 좋은 원두를 즐기는 방법

브루잉 커피를 제대로 즐기기 위해서는 신선한 원두를 선택하는 것이 제일 중요합니다. 신선한 커피는 생산된 지 1년 미만인 생두를 볶아 2주일이 지나지 않은 커피를 말합니다. 커피는 볶은 지 2주일이 지나면 산패가 진행되어 좋은 맛과 향은 점점 사라지고 그 자리를 나쁜 향이 차지하게 됩니다. 그래서 되도록 로스팅 일자가 최근인 커피를 구매하는 것이 좋습니다. 좋은 커피를 즐기기 위해 고려해야 할 사항은 다음과 같습니다.

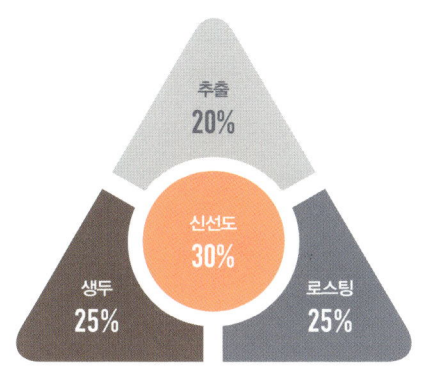

쌀도 햅쌀과 묵은쌀로 구분하듯 커피 생두도 햇콩과 묵은 콩으로 구분됩니다. 커피콩의 크기가 크고 묵직하며 청록색의 색상을 가진 콩은 대부분 생산된 지 1년이 채 되지 않은 햇콩이라 생각하면 됩니다. 등급 좋은 햇콩을 숙련된 기술을 가진 로스터가 각 콩의 향미 특성에 맞게 잘 볶아야 본연의 맛과 향을 잘 살려낼 수 있습니다.

이렇게 볶은 콩은 밀폐 용기에 잘 보관해서 2주 이내에 소비하는 것이 좋습니다. 신선한 원두를 각 기구의 특성에 맞는 추출법으로 내려 마시면 세상 어느 커피보다 맛이 좋은 커피를 즐길 수 있습니다.

## 생두의 등급

커피의 원료가 되는 생두의 등급은 다음과 같습니다.

**컵 오브 엑셀런스**

매년 커피 생산국에서 개최되는 커피 품평회에서 입상한 스페셜티 커피를 말합니다. 브라질, 콜롬비아, 코스타리카, 엘살바도르, 과테말라, 온두라스, 멕시코, 니카라과, 브룬디, 르완다 등이 회원국으로 참여하고 있으며 매년 생산이 종료되는 시점에 대회를 개최하고 있습니다. CoE에 입상한 커피들은 국제 옥션을 통해 높은 가격으로 거래되고 있으며 우리나라에도 일부 국가의 CoE 커피가 매년 수입되고 있습니다.

**마이크로랏**

스페셜티 커피를 생산하는 농장이 선별해서 판매하는 특별한 커피를 말합니다. 스페셜티 커피의 범주에 포함되지만, 더 높은 가격으로 거래되기도 합니다.

**스페셜티**

커피의 맛과 향을 감별하는 행위를 '커핑Cupping'이라 하는데, 커핑을 통해 각각의 커피가 점수를 부여받게 됩니다. 스페셜티 커피는 커핑 점수가 80점 이상으로, 뛰어난 맛과 향을 가진 커피를 말합니다.

**프리미엄/하이커머셜**

지역적 특색을 갖춘 등급의 커피로, 전통적으로 고급 커피라고 일컬어지던 커피를 말합니다. 스페셜티나 컵 오브 엑셀런스 등의 개념이 생기기 전에는 뉴욕 거래시장에서 가장 좋은 명품 커피로 인정받기도 했습니다.

**커머셜**

일반적으로 가장 많이 유통되고 사용되는 상용등급의 커피입니다. 생산지 조합이나 국가가 일괄적으로 사들여서 판매하는 건데요. 케냐AA, 인도네시아 만델링 등 생산지의 생두 등급이나 지역명을 붙여 쓴 것으로, 대량으로 거래되는 등급의 커피입니다.

## 브루잉의 원리

홈 카페에서 사용하는 브루잉 방식은 크게 두 가지로 나뉩니다. 필터 등을 활용해 물을 부어 커피를 추출하는 여과식 방법과 커피 가루에 물을 부어 우려내거나 끓이는 침출식 방법이 그것이지요. 여과식 방법으로는 깔끔하고 마일드한 커피를 추출할 수 있고, 침출식 방법으로는 묵직하고 와일드한 커피를 추출할 수 있습니다.

필터를 활용한 여과식

물에 우려내는 침출식

**BREWING COFFEE**

# 인스턴트에서
# 브루잉 커피 시대로

구한말 고종황제가 커피를 접하고 즐겨 마시면서 우리의 커피 문화가 시작되었습니다. 급격한 산업화를 거치면서, 커피는 우리네 삶의 한 영역으로 자리 잡았는데요. 처음에는 원두커피를 즐겼지만, 한국전쟁을 전후로 인스턴트커피가 들어오면서 보관과 제조가 편리한 인스턴트커피를 즐기게 되었습니다. 그러다 우리나라에서 1969년 세계 최초로 커피믹스를 개발하면서 우리의 커피 문화는 '봉지 커피' 시대로 들어섭니다. 언제 어디서나 쉽게 즐길 수 있는 편의성과 저렴한 가격으로 인해, 커피 하면 커피믹스를 연상할 정도로 인기를 끌게 되었죠.

그렇게 1970년대~2000년대 초반까지 커피 시장의 터줏대감으로 군림하던 커피믹스는 1990년대 후반 우리나라에 전해진 에스프레소 커피 문화에 차츰 그 자리를 내주게 됩니다. 이때부터 인스턴트와 커피믹스에 밀려나 있던 원두커피는 반격을 시작했는데요. 십여 년 사이 그 기세가 어마어마할 정도로 성장했습니다. 한때 90%에 육박하던 인스턴트커피의 시장점유율을 40% 정도로 떨어뜨리면서, 이제 원두커피가 우리 생활에 필수품이 되었죠. 커피 공화국이 된 대한민국에서 이제 커피는 습관성 음료가 된 셈입니다.

## 대세가 된 원두커피 문화

본격적으로 원두커피를 즐기기 시작하면서 이제는 커피를 무조건 커피전문점에서 즐겨야 한다는 생각이 바뀌고 있습니다. 시럽, 파우더, 소스, 우유 등에 가려 커피 본연의 맛과 향을 잃어버린 프랜차이즈 커피는 어느 순간부터 커피의 맛보다는 공간적인 의미에 머무는 하향 평준화의 길을 걷게 되었습니다. 쓰고 맛없는 프랜차이즈 커피에 대항해 새로 생겨난 로스터리 카페들은 뛰어난 커피 품질을 내세우며 커피 마니아들을 흥분시켰죠. 소비자들은 소셜미디어, 블로그, 쇼핑몰 등 인터넷의 도움으로 더는 좋은 커피를 찾아 카페를 전전하지 않게 되었어요. 대신, 커피 감별 기술이 늘면서 특별한 커피를 사서 집이나 사무실에서 직접 커피를 추출해 즐기게 되었습니다. 'Do It Yourself'의 문화가 커피에도 접목되면서 홈 카페, 브루잉 커피 문화가 형성되기 시작한 것이죠.

그런 의미에서 십여 년 전부터 신혼집에 없어서는 안 될 살림살이 중 하나가 '커피메이커'라는 도구였습니다. 이 도구로 커피를 내리든 안 내리든 무조건 하나쯤은 갖추고 있어야 했는데요. 커피메이커가 홈 카페 도구의 선두주자로 등장한 셈이죠. 직접 커피를 내려 마시는 문화가 확산될수록 추출 도구도 다양하게 변하고 있는데요. 간단하게 사용할 수 있는 모카포트, 프렌치프레스 등은 물론이고 핸드드립, 캡슐커피 심지어 에스프레소 머신까지 가정에 설치해서 커피를 즐기는 사람들이 늘고 있습니다.

브루잉 커피의 장점은 다양한 추출 도구를 통해 다채로운 커피의 맛과 향을 즐길 수 있다는 것입니다. 원두의 종류와 커피 생산지의 특성에 따라, 각각의 커피가 지닌 맛과 향이 더해지면 그 경우의 수는 더 다양해지죠. 카페에서 사 마시던 커피를 단순히 집이나 사무실 등에서 내려 마신다는 공간적인 이동에 머무르지 않고 커피 본연의 맛과 향을 찾아서 다양하게 즐기는 새로운 경험이 그 매력입니다. 또한, 여러 가지 방식으로 커피를 즐기다 보면 나에게 맞는 커피를 찾아낼 수도 있죠. 자신만의 특별한 커피를 갖게 될 준비가 되었나요?

# 브루잉에 대한 모든 것

커피의 역사가 오래된 만큼 추출하는 도구도 다양합니다. 커피가 발견된 시기부터 사용해 오던 이브릭과 같은 커피 추출 도구가 아직도 사용되고 있는가 하면, 주사기처럼 생긴 에어로프레스라는 최신 도구도 있습니다. 어떤 도구로 내리는 커피가 가장 맛이 좋은지는 단언할 수 없어요. 커피를 즐기는 사람들의 취향이 각자 다르고 선호하는 추출 방식 또한 제각각이기 때문이죠. 하지만 가장 다양한 맛과 향을 추출하는 커피 추출법은 단언컨대, 핸드드립입니다. 원두가 가진 고유한 맛과 향의 특징을 가장 잘 살릴 수 있기 때문입니다.

**FILTER TYPE**

필터 방식

필터 방식은 종이필터, 천으로 만든 필터인 융, 금속필터 등 거름망을 이용해 커피를 추출하는 방식을 말합니다. 다른 방식에 비해 깔끔하고 산뜻한 맛의 커피를 추출할 수 있는 장점이 있는 도구들입니다.

## 많은 사람이
## 왜 핸드드립 커피를 즐길까요?

원두커피를 즐길 때 가장 많이 사용하는 핸드드립은 간단한 도구만 갖추면 쉽게 커피를 내릴 수 있습니다. 기계로 뽑아내는 일정한 맛이 아닌 추출 방법에 변화를 주어 개성 있는 맛과 향을 즐길 수 있기 때문이죠. 드리퍼와 필터의 종류, 물줄기의 굵기, 물의 온도, 시간 등 추출하는 방법에 따라 내릴 때마다 맛이 달라져요. 그래서 그때그때 다른 손맛을 느낄 수 있는 것이 핸드드립 커피의 가장 큰 매력입니다.

서양에서는 원두가루에 주전자로 물을 부어 여과를 거쳐 추출하는 방식을 매뉴얼 브루잉Manual Brewing 또는 푸어 오버Pour Over라고 합니다. 우리가 흔히 말하는 핸드드립은 드립포트의 물줄기를 정교하게 조절해서 여과지를 거쳐 추출하는 것으로, 원두가 가지고 있는 고유의 특징과 함께 다양한 맛과 향을 가장 잘 표현하기 위한 방식입니다. 필터 추출 방식은 일본으로 건너가 핸드드립이라는 말이 생겨났는데요. 칼리타Kalita, 고노Kono, 하리오Hario, 멜리타Melita, 융Flannel 등 개성 있는 드리퍼와 함께 드립 방식이 발전하면서 지금은 모두에게 사랑받는 커피로 자리잡았어요.

## 핸드드립 커피의 맛은
## 어떤 특징이 있을까요?

핸드드립은 여러 가지 모양의 드리퍼에 여과지를 끼우거나 천으로 만든 융 드리퍼에 분쇄된 원두를 담은 후 정교하게 물을 부어 추출하는 방식입니다. 중력의 낙차를 이용해 커피 분말에서 성분을 우려내는 방법인데, 에스프레소 기계로 뽑아내는 커피와는 확연한 차이가 있습니다.

핸드드립과 에스프레소 방식을 비교해 보면 다음과 같습니다.

|  | 핸드드립 Hand Drip | 에스프레소 Espresso |
|---|---|---|
| 맛 | 부드럽고 다양한 향 | 강하고 복합적인 맛 |
| 기구 | 가격이 비교적 저렴하고 다양 | 머신 가격이 대부분 고가 |
| 원두 | 대부분 단종 원두 사용 | 주로 블렌딩 원두 사용 |
| 추출 시간 | 비교적 긴 시간(3분) | 신속한 추출(25 ± 5초) |
| 메뉴 | 메뉴가 제한적 | 다양한 메뉴의 기초로 사용 |
| 기타 | 사람의 숙련도나 개인의 취향에 따라 맛의 변화 | 상대적으로 머신의 성능과 바리스타의 스킬이 맛에 영향을 줌 |

부드럽고 깔끔한 핸드드립 커피

강렬한 에스프레소 커피

# 맛있는 핸드드립 커피를 즐기려면?

### 원두 분쇄는 적당한 크기로

분쇄한 원두 크기가 작을수록 고형 성분이 많이 추출되어 진하고 쓴 커피가 된답니다. 반대로 원두 크기가 너무 굵으면 완전히 추출되지 않아 원두가 가진 맛과 향이 충분히 표현되지 않고 커피는 연해집니다. 일반적으로 설탕 입자보다 약간 굵은 정도인 0.5mm 크기를 기준으로 하는데, 개인의 취향과 추출 도구에 따라 그라인더로 분쇄 크기를 조절하면 됩니다.

**CHECK POINT**
분쇄 입자가 작은 것부터 큰 순서
튀르키예식 커피 < 에스프레소 머신 < 모카포트 < 핸드드립 < 프렌치프레스(1mm 이상)

에스프레소용 분쇄

모카포트용 분쇄

사이폰용 분쇄

핸드드립용 분쇄

카페솔로용 분쇄

프렌치프레스용 분쇄

### 원두가루의 양은 알맞게

개인 취향의 문제이지만, 일반적으로 1인분의 경우 원두가루 10~12g을 기준으로 100~150cc 정도를 추출합니다. 진한 맛을 내려면 추출하는 물 양을 줄이거나 원두 양을 늘리면 됩니다. 연한 맛을 즐기려고 커피 양을 너무 적게 쓰는 것보다는 기준이 되는 적절한 양으로 커피 성분을 잘 우려낸 후 물을 타서 조절하는 것이 좋답니다.

### 물 온도는 적당하게

물의 온도는 커피의 질에 상당한 영향을 미칩니다. 100°C 정도의 고온에서는 카페인 성분의 용해로 인해 쓴맛이, 75°C 정도의 저온에서는 탄닌 성분으로 인해 떫은맛이 강해져요. 물의 온도에 따라 쓴맛, 신맛, 떫은맛 순으로 커피의 맛이 변하는 거죠. 그리고 물의 온도가 높을수록 성분 추출이 빨라져 향미가 진하고 쓴 맛의 비율이 높아지고, 온도가 낮으면 성분이 적게 추출되어 연한 맛의 커피가 되죠. 따라서 핸드드립 커피의 적당한 물 온도는 90~95°C 정도랍니다.

**커피를 추출하는 적당한 시간은?**

추출 시간이 길수록 커피 성분이 많이 추출된답니다. 그래서 진하고 쓴맛이 강해지고, 심하면 나쁜 잡맛이 나올 수도 있죠. 반대로 추출 시간이 짧으면 향이 가벼워지기 때문에 적당한 시간 안에 추출하는 것이 중요합니다. 일반적으로 1인분의 경우는 2분, 2인분의 경우는 3분 정도가 좋아요.

## 핸드드립을 하기 위해
## 필요한 도구들

집에서 핸드드립을 즐기려면 원두를 갈기 위한 그라인더, 드립포트, 드리퍼, 서버, 여과지 등이 필요합니다. 이러한 도구들은 시장이나 마트, 인터넷 쇼핑몰 등에서 쉽게 구할 수 있답니다. 그 외에 물의 온도를 측정할 수 있는 온도계, 저울 등이 있으면 조금 더 섬세하게 추출할 수 있죠.

### 그라인더(Grinder)

원두를 갈아서 가루로 만드는 기계를 그라인더라고 합니다. 자신의 취향이나 추출 방식에 맞게 원하는 입자의 크기를 조절할 수 있는데요. 손으로 돌려서 커피를 가는 수동 그라인더와 전기를 사용하는 자동 그라인더가 있답니다.

수동 그라인더       자동 그라인더

## 드립포트(Drip Pot)

드립포트는 원두가루에 물을 부어 커피를 추출하는 주전자입니다. 일반 주전자에 비해 주둥이가 좁고 길어 일정한 물줄기를 만들 수 있으며, 미세한 물줄기 조절이 가능하답니다. 손잡이가 안정적으로 디자인되어 있고, 뚜껑은 쉽게 여닫을  수 있는 제품이 좋습니다. 여러 가지 모양으로 디자인되어 있고, 0.5~1.5ℓ 사이의 다양한 용량의 제품들이 나와 있는데요. 스테인리스, 동, 법랑 등이 소재와 제조회사에 따라 가격 차이가 큰 편입니다.

## 드리퍼(Dripper)

깔때기 모양으로 생긴 드리퍼는 안에 필터를 끼우고 분쇄한 원두가루를 넣은 후 뜨거운 물을 부어 커피를 추출하는 기구입니다. 크기와 소재도 여러 종류가 있지만, 가장 큰 차이는 제조회사에 따라 형태와 추출구의 크기 그리고 개수가 다르  다는 것입니다. 물줄기를 주는 방식이 드리퍼에 따라 조금씩 다르니까 별도로 연습해두면 더 맛있는 커피를 즐길 수 있겠죠.

### 여과지(Paper Filter)

여과지는 드리퍼의 종류에 맞는 정해진 것을 써야 합니다. 칼리타 형의 부채꼴 모양의 여과지와 고노나 하리오에 맞는 원추형 여과지도 있고요. 주름진 것, 펼쳐진 것 등의 종류부터 크기도 1~10인용까지 다양합니다. 여과지의 크기가 드리퍼와 맞지 않을 때는 적당히 접거나 잘라서 써도 되지만, 용량에 맞는 제품을 쓰는 것이 좋겠죠. 천연 펄프로 만든 여과지 중에는 갈색 여과지와 산소표백을 한 하얀색 여과지가 있는데요. 갈색의 천연 펄프 여과지는 제조 공정에서 물과 열을 많이 사용해서 민감한 사람은 미세한 펄프 냄새를 느낄 수도 있답니다.

### 서버(Server)

서버는 드리퍼로 추출한 커피를 받는 투명한 유리용기를 말하는데, 용량에 따라 다양한 크기가 있습니다. 제조회사에 따라 서버의 입구 모양이 조금씩 다르니 구입할 때 유의해야 합니다. 다른 도구에 비해 상대적으로 커피의 맛을 내는 데 직접적인 영향을 주는 것은 아니지만, 용기에 눈금이 있어 추출된 커피의 양을 가늠할 수 있다는 장점이 있죠. 내열유리로 만들어져서 열에는 강하지만 충격에는 약해 깨지기 쉬우니 조심해야 합니다. 서버는 추출된 커피가 식으면 약한 열로 데울 수 있는데, 제품에 따라 전자레인지에 넣어 사용할 수 있는 것도 있답니다.

## 계량스푼

핸드드립을 할 때 커피 가루의 양에 따라 추출할 커피의 양이 달라지겠죠. 제조회사에 따라 계량스푼의 크기가 조금씩 다르니까 자신이 가지고 있는 스푼이 몇 그램짜리인지 전자저울로 계량해서 알아 두세요. 보통 멜리타는 8g, 칼리타는 10g, 고노는 12g 정도입니다.

## 온도계

물의 온도는 추출하는 커피의 맛과 향이 달라지는 중요한 요인이기 때문에 온도계를 사용해서 정확하게 체크하는 것이 좋습니다. 만일 온도계가 없다면 끓인 물을 서버와 찻잔에 먼저 부었다가 다시 포트로 옮기면 커피를 추출하기 적당한 90~95℃ 정도의 온도로 맞춰집니다. 이렇게 하면 서버와 찻잔을 동시에 데우는 효과도 얻을 수 있죠.

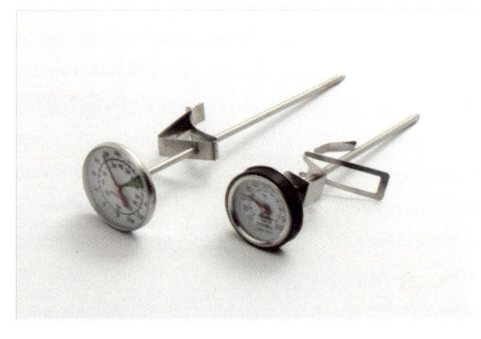

**융 드리퍼(Flannel Dripper)**

부드러운 융 주머니에 원두가루를 직접 넣고 뜨거운 물을 부어 추출하는 것으로, 페이퍼 필터가 개발되기 전부터 사용되던 필터입니다. 페이퍼 필터와는 다른 커피의 묵직한 맛과 향을 즐길 수 있습니다. 한 번 쓰고 버리는 페이퍼 필터와 달리 여러 번 사용이 가능해서, 사용한 후에는 잘 빨아서 냄새가 나지 않고 세균이 번식하지 않게 보관하는 것이 중요합니다.

# 드리퍼
# 자세히 살펴보기

**소재**

드리퍼는 플라스틱 재질이 기본이며 그밖에 스테인리스나 동으로 만들어진 것, 도자기(세라믹)나 유리로 만들어진 것도 나오고 있습니다. 사이즈도 1~2인용부터 6인용 이상까지 다양해요. 소재에 따라 열 전도율, 보온성 등에 차이가 있고, 가격도 모두 다르므로 용도와 취향에 맞게 선택하세요.

플라스틱 재질 드리퍼

유리 재질 드리퍼

도자기 재질 드리퍼

동 재질 드리퍼

## 리브와 추출구

리브Rib는 영어로 갈비뼈라는 뜻으로, 드리퍼 안쪽에 세로로 돌출되어 있는 주름을 말합니다. 드리퍼 제조회사에 따라 리브의 크기, 개수, 형태가 다른데 리브의 돌출된 부분이 공기가 빠져나가는 통로 역할을 해요. 만일 드리퍼에 리브가 없다면 필터가 완전히 드리퍼 옆면에 밀착되어 원활한 추출을 하지 못하게 됩니다. 그리고 당연히 리브의 수가 많거나, 높이가 높거나, 길이가 길면 물이 통과하는 속도가 빨라지겠죠. 따라서 리브의 형태는 커피 맛에 직접적인 영향을 준답니다.

추출구는 말 그대로 물이 빠져나가는 구멍입니다. 역사다리꼴의 칼리타Kalita는 구멍이 3개, 역사다리꼴의 멜리타Melita와 원뿔형인 고노Kono, 하리오Hario는 모두 구멍이 1개씩 뚫려 있습니다. 이처럼 종류에 따라 물이 고이는 시간과 빠져나가는 속도가 다르므로 추출된 커피의 맛도 달라집니다.

칼리타 드리퍼 리브의 모양

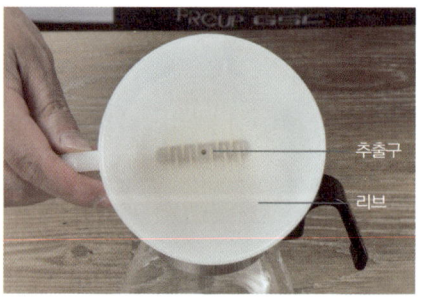

멜리타 드리퍼 리브의 모양

하리오 드리퍼 리브의 모양

고노 드리퍼 리브의 모양

## 기본 드리퍼 비교

| 브랜드 | 칼리타 | 멜리타 | 고노 | 하리오 |
|---|---|---|---|---|
| 모양 | 역사다리꼴 | 역사다리꼴 | 원추형 | 원추형 |
| 리브 및 특징 | 리브가 촘촘하게 구성되어 있음 | 폭이 약간 크고 칼리타에 비해 경사가 가파름 | 리브 개수가 적으며 드리퍼 중간까지 구성되어 있음 | 나선형 리브가 드리퍼 끝까지 있음 |
| 추출구 개수 | 3개 | 1개 | 1개 | 1개 |
| 추출구 크기 | 5mm | 3mm | 14mm | 18mm |
| 드리퍼 크기 | 101 : 1~2인용<br>102 : 2~4인용<br>103 : 4~7인용<br>104 : 7~12인용 | 1x1 : 1~2인용<br>1x2 : 2~4인용<br>1x4 : 4~6인용<br>1x6 : 6~12인용 | MD-21 : 1~2인용<br>MD-41 : 2~4인용<br>MD-11 : 4~10인용 | 01 : 1~2인용<br>02 : 2~4인용<br>03 : 2~6인용 |

## 그 외의 여러 가지 드리퍼

| 웨이브 드리퍼 | 클레버 | 케멕스 |
|---|---|---|
| 칼리타 제품으로, 주름이 있는 전용 웨이브 필터를 사용하며 3개의 추출구가 삼각형 형태로 있음 | 일반 드리퍼와 프렌치프레스의 장점을 합쳐 개발된 드리퍼 | 드리퍼와 서버가 일체형으로 개발된 새로운 감각의 제품 |

## 여과지는 이렇게 접어서 사용하세요

**부채 모양의 여과지**

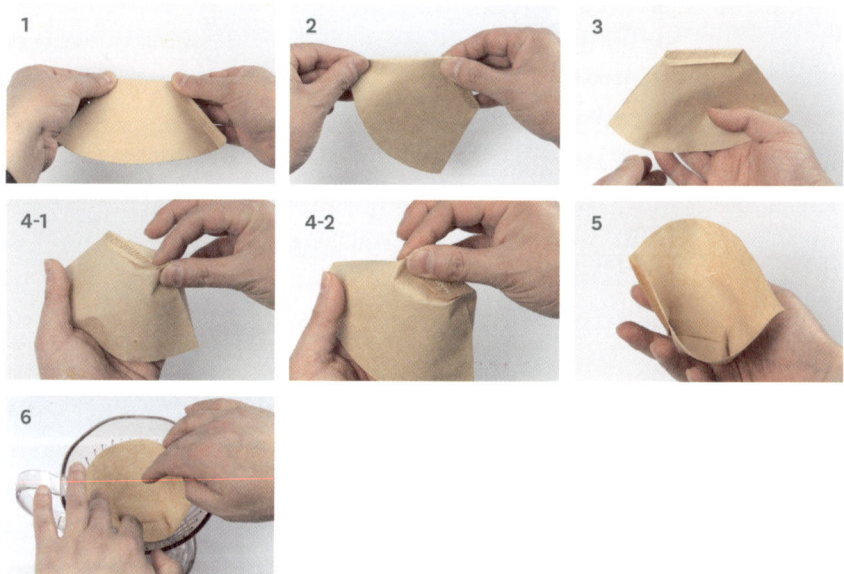

1   아랫부분의 빗살무늬 접합선을 접으세요.
2   반대로 뒤집어서 옆면의 빗살무늬 접합선을 접고요.
3   손가락을 필터 안에 넣고 고깔모자 모양으로 만들어 주세요.
4   두 선이 만나는 꼭짓점을 엄지와 검지를 이용해 접어 주세요.
5   두 선이 만나는 양쪽 끝을 잘 접어주면 사진과 같이 드리퍼 모양으로 필터가 완성됩니다.
6   접은 여과지를 드리퍼에 잘 끼우면 됩니다.

**원추 모양의 여과지**

1. 옆부분의 접합선을 접으세요(4인용의 경우 위쪽 넓은 부분을 약간 벗어나게 접으면 드리퍼에 잘 맞습니다).
2. 옆으로 돌려서 시접선을 가운데로 오게 하고 하단 부분에서 절반 정도 접으세요.
3. 뾰족한 끝부분의 남는 부분을 접어 주세요.
4. 드리퍼에 끼우면 됩니다.

## 페이퍼 드립 추출법

물줄기를 주는 방법은 여러 가지가 있습니다. 드립하는 방법에 따라 맛이 달라서, 각각의 드리퍼에 맞는 방법을 권장하기도 합니다. 어떤 핸드드립 방법이든지 적당히 가늘고 일정한 물줄기를 촘촘하게 주는 것이 커피 맛을 내는 데 가장 중요해요. 따라서 익숙해질 때까지 계속 연습해야겠죠. 많은 핸드드립 방법 중 가장 기본이 되는 방법을 살펴보겠습니다.

### 기본 드립법(Basic Drip)

맛이 풍부하고 산뜻한 맛을 내는 것이 특징인 칼리타 드리퍼를 사용할 때 많이 쓰는 방법인데요. 모든 드립법 중에 가장 기본이 되는 드립법으로, 나선형 드립이라고도 합니다. 원두의 다양한 맛과 향이 세밀하게 추출되는데, 다른 대부분의 드리퍼에 적용 가능합니다. 이 방법을 잘 익혀 두면 다른 방법에도 쉽게 응용할 수 있어서 중요한 드립법이죠.

**준비해 두세요(2인분)**

드리퍼, 여과지, 드립포트, 서버, 계량스푼(계량저울), 온도계, 원두가루 20g, 온수 400~450ml

1. 드리퍼를 서버 위에 올려놓고 뜨거운 물을 부어 도구를 예열해 주세요. 도구가 예열이 잘 되어 있으면 추출된 커피가 급격히 식어 맛이 떨어지는 것을 방지해 줍니다.
2. 드리퍼에 필터를 접어 장착해 주세요.
3. 필터를 끼운 드리퍼에 핸드드립용으로 분쇄된 원두가루(20g)를 넣고, 드리퍼를 좌우로 한두 번 흔들어 평평하게 해 주세요.
4. 드립포트로 적당량의 물을 다소 빠른 속도로 2~3바퀴 돌려 부어 준 후 약 30~40초가량 기다립니다. 일정 시간 뜸을 들이는 것은 커피가 충분히 물에 불어 성분이 잘 추출되게 해 주는 과정이고요. 물을 부은 후 일정 시간이 지나 부풀어 오른 표면이 갈라지기 시작하면 적절히 뜸이 들었다고 봐도 됩니다. 뜸을 들이기 위해 붓는 물이 너무 많아 서버에 물방울이 떨어지지 않게 해 주세요. 한두 방울 떨어지는 것은 상관없으나 너무 많이 흘러나오지 않도록 물 양을 조절하세요.
5. 일정 시간이 지나 표면에 크랙이 생기면서 뜸이 다 들었으면 물줄기를 중심에서부터 바깥쪽으로 촘촘히 나선형으로 돌려 가면서 부어 줍니다. 필터에 물줄기가 닿지 않게 밖으로 원을 크게 그려 나가다가 4~5바퀴 정도 돌려 원이 다 그려지면 계속 나선형으로 돌리면서 원을 작게 그려가며 중심으로 들어오는 것을 반복합니다. 목표량의 40%(80ml) 정도 커피가 추출되었다고 생각되면 1차 추출을 멈추고 드리퍼에 고인 물이 어느 정도 빠져나가 원두가 수평이 될 때까지 잠시 기다리세요.

6   물줄기의 굵기는 3mm 정도가 좋지만 굵기를 무조건 가늘게 하는 것보다는 일정한 굵기의 물줄기로 꼼꼼하게 내리는 것이 중요해요. 그리고 물줄기의 세기는 드립포트에서 중력에 의해 부드럽게 수직으로 흘러 떨어지는 정도가 가장 좋아요.

7   2차 추출은 1차 추출과 같은 방법으로 나선형으로 물줄기를 세밀하게 돌려가며 총 목표량의 40% 정도를 추가로 추출하세요. 그리고 적정량이 추출되었으면 드립을 멈추고 드리퍼에 고여 있는 물이 빠져 나오도록 잠시 기다려주세요. 그럼 목표 추출량의 80%, 즉 서버 눈금의 160ml 정도 커피가 추출됩니다.

8   3차 추출 역시 같은 방법으로 2인분 목표량(200ml)이 채워질 때까지 물을 붓습니다. 목표한 양만큼 커피가 다 추출되었으면 드리퍼에 물이 남아있어도 바로 드리퍼와 서버를 분리해 주세요.

9   추출이 끝나면 취향에 맞게 물을 타서 농도를 조절해 준 후 따뜻하게 데운 커피 잔으로 옮겨 맛있는 핸드드립 커피를 즐기면 됩니다. 일반적으로 커피와 물을 1:1의 비율로 희석하는데요. 진하게 드시는 분은 물을 조금만 타거나 추출된 원액을 그대로 마시기도 합니다. 서버에 물을 부은 후에는 반드시 서버를 가볍게 돌려 잘 섞이게 해 주세요.

### CHECK POINT

**아로마돔**

갓 로스팅한 커피는 물을 부으면 원두 속에서 나오는 탄산가스로 인해 표면이 빵처럼 부풀어 올라요. 반대로 로스팅한 지 오래되거나 습기를 먹어 신선도가 떨어진 커피는 부풀지 않고 바로 가라앉게 돼요. 그래서 아로마돔이 생기는 것으로 신선한 커피인지를 알 수 있어요. 이 아로마돔을 커피번, 또는 커피빵이라고도 해요.

## 다양한 드리퍼 사용법

모든 드립법에 기본이 되는 Basic Drip을 기본으로, 대부분의 드리퍼에 응용하여 즐길 수 있습니다. 하지만 새로운 형태의 드리퍼가 많이 개발되고 있고 드리퍼에 따라 각기 권장하는 방법이 조금씩 다르기도 한데요. 어떤 드립법을 사용하든지 중간에 끊기지 않고 일정한 물줄기를 유지하는 것이 매우 중요합니다.

**하리오 드리퍼(Hario Dripper)**

주변에서 흔하게 접할 수 있는 원뿔 모양의 하리오 드리퍼는 고노 드리퍼와는 달리 회오리 형태로 휘어진 모양의 리브가 상단부에서 추출구까지 길게 이어져 있습니다. 추출구의 크기도 커서 공기 배출도 빨라 추출의 속도가 빠른 게 특징입니다. 따라서 너무 물을 많이 부어 추출 속도가 빨라지면 커피의 맛과 향이 충분히 우러나지 않을 수 있어요.

깔끔하면서도 부드러운 맛을 내며 상대적으로 바디감이 떨어질 수 있지만, 특별한 기술 없이도 추출 속도만 잘 조절하면 원하는 맛을 즐길 수 있고 내릴 때마다 맛의 편차가 심하지 않은 다루기 쉬운 드리퍼입니다.

**준비해 두세요(2인분)**

하리오 드리퍼, 여과지, 드립포트, 서버, 계량스푼(계량저울), 온도계, 원두가루 20g, 온수 200~250ml

1. 원뿔 모양의 여과지를 잘 접어 끼운 후 원두가루를 넣고 옆면을 한두 번 가볍게 흔들어서 가루가 평평하게 해 주고 물을 부어 30~40초간 뜸을 들입니다. 뜸을 들일 때 물을 너무 많이 부어 밑으로 물이 많이 흘러나오지 않게 조심해 주세요.

2. 중앙에서부터 나선형을 그려 나가면서 앞서 설명한 Basic Drip과 같은 방법으로 안에서 밖으로 나가고 밖에서 안으로 들어가기를 반복하여 물을 부어 줍니다. 추출되는 속도가 빠른 드리퍼이므로 물줄기는 5mm 전후까지 굵게 부어도 상관없어요.

3. 물이 줄어들면 다시 같은 방법으로 나선형으로 물을 부어 가며 목표량까지 커피를 추출한 후 드리퍼를 서버에서 분리하세요.

**멜리타 드리퍼(Melita Dripper)**

멜리타 드리퍼는 1908년 독일의 멜리타 벤츠 부인이 고안한 방법입니다. 냄비에 작은 구멍을 내고 종이를 통해 커피가루를 걸러 가루가 섞이지 않은 깔끔한 커피를 추출한 것이 시초가 된 드리퍼입니다.

멜리타 드리퍼는 전체 폭이 약간 크고 칼리타에 비해 경사가 가파른 편이며 작은 추출구가 하나인데요. 드리퍼 안에서 물이 오래 머물러 있는 것이 특징이어서 드립포트로 물줄기를 세밀하게 조절하지 않아도 됩니다. 원하는 양이 추출될 때까지 물을 계속 부어 주기만 하면 깔끔하고 부드러운 맛을 즐길 수 있어요.

**준비해 두세요(1인분)**

멜리타 드리퍼, 여과지, 드립포트, 서버, 계량스푼(계량저울), 온도계, 원두가루 20g, 온수 400~450ml

1  여과지를 접어서 드리퍼에 장착하고 원두가루를 넣은 후 모두 젖게 물을 충분히 부으세요.
2  드리퍼에 물이 가득 찰 때까지 계속해서 물을 붓고 원하는 양의 커피가 추출될 때까지 기다렸다가 드리퍼를 분리하면 됩니다. 처음에는 연한 커피가, 뒤로 갈수록 원두가 충분히 불어 진한 커피가 추출됩니다.

## 고노 드리퍼(Kono Dripper)

고노사는 80년 전통의 커피용품 전문 브랜드로, 1925년 최초로 커피 기구에 유리를 적용한 '사이폰'을 개발했습니다. 고노 드리퍼는 둥근 원추형으로, 추출구의 크기가 큰 편이고 리브는 하단부에서 시작됩니다. 또한 좁은 원추형이라 다른 드리퍼에 비해 같은 양의 원두가루를 담았을 때 커피의 높이가 더 높아지고, 물이 입자 하나하나의 커피를 통과하는 시간이 길어지면서 진하면서도 부드러운 맛의 커피를 내릴 수 있죠. 하지만 커피 층은 깊고 물 빠짐이 빠른 형태로, 추출하는 사람에 따라 맛의 편차가 심하다는 단점도 있습니다.

**준비해 두세요(2인분)**

고노 드리퍼, 여과지, 드립포트, 서버, 계량스푼(계량저울), 온도계, 원두가루 20g, 온수 400~450ml

1. 여과지를 접어서 드리퍼에 장착하고 원두가루를 넣은 후 드리퍼를 좌우로 흔들어 수평을 맞추세요.
2. 물 50ml 정도를 부어 뜸을 들인 후 40초 정도 기다립니다.
3. 중앙에서부터 나선형을 그려 나가면서 앞서 설명한 Basic Drip과 같은 방법으로 안에서 밖으로 나가고 밖에서 안으로 들어오기를 반복하여 물을 붓습니다. 1차 드립에 80ml 정도를 추출하고, 5초 정도 쉰 후 2차 드립에서 80ml, 3차 드립에서 40ml를 추출합니다.
4. 추출이 완료되면 기호에 따라 물을 희석해서 마시세요.

# 누가 내려도 같은 맛을 연출하는
# 케멕스(Chemex)

와인 디캔더처럼 생긴 케멕스는 1941년 독일의 화학자 피터 쉴럼봄Peter Schlumbohm이 발명했습니다. 케멕스에는 나무로 된 손잡이와 이를 고정시키는 가죽 끈이 있고 추출하는 커피를 계량하는 배꼽Belly Button이 있어요. 리브가 많은 다른 드리퍼와 달리 단 하나의 리브를 가지고 있는데 이를 '에어채널'이라고 부릅니다. 케멕스에 필터를 끼운 후 물을 적시면 필터가 기구에 밀착되고 에어채널 부분만 뜨는데요. 이때 밀착된 필터가 외부의 공기를 막아주고 추출할 때 원두 속에 있는 공기는 에어채널을 통해 빠져나가므로 서버에는 향미 좋은 커피만 남게 됩니다.

케멕스로 추출할 원두의 분쇄도는 핸드드립 분쇄 정도로 하면 되는데요. 필터가 다른 필터에 비해 조금 두꺼워서 오일 성분과 쓴맛을 걸러 주고 깔끔하면서 부드러운 커피를 추출할 수 있습니다.

에어채널

### 주의사항

필터를 장착할 때 세 겹으로 접힌 부분을 에어채널로 오게 해야 공기가 원활하게 배출돼요. 케멕스에는 추출 용량에 따른 눈금 대신 배꼽이라 불리는 동그랗게 툭 튀어나온 부분이 있는데 그 아래를 기준으로 대략의 용량을 알 수 있고 배꼽 아랫부분까지만 커피를 추출해야 합니다. 케멕스마다 용량 차이가 있으므로 용량을 미리 참고하여 추출하는 것이 좋습니다.

### 준비해 두세요(2인분)

케멕스, 전용 여과지, 드립포트, 계량스푼(계량저울), 온도계, 원두가루 20g, 온수 400~450ml

1  필터를 접습니다.
2  필터를 케멕스에 넣으세요.
3  뜨거운 물을 부어 필터를 헹구세요. 케멕스의 필터는 곡물 성분이 들어 있기 때문에 다른 종이 필터보다 무겁고 두껍습니다. 곡물 성분 특유의 냄새가 날 수 있으므로 추출 전 반드시 린싱 작업을 해야 해요.
4  에어채널로 물이 나오도록 붓습니다.
5  필터에 원두가루를 채우고 1~2회 흔들어 수평을 맞추세요.

**CHECK POINT**

**린싱 작업이란?**

린싱은 필터에 원두를 담기 전에 종이필터나 융(천) 필터에 뜨거운 물을 부어 주는 행위를 말합니다. 린싱을 하면 종이나 천의 잡내가 제거되고, 드리퍼와 필터 사이의 접착력을 높여 줍니다.

6   적당량의 물을 부어 30초 정도 뜸을 들입니다.
7   푸어오버 방식으로 필터의 중심부에서부터 가장자리로 원을 그리며 물을 붓습니다. 250ml 정도 까지 물을 멈추지 말고 계속 부어야 커피 성분이 균일하게 추출됩니다.
8   커피가 볼의 배꼽선까지 추출되면 필터를 제거하세요.
9   케멕스 본체를 5번 정도 돌려 스와링을 해 줍니다. 커피가 전체적으로 잘 흔들리도록 돌려 주면 떫은 맛을 내는 탄닌 성분과 가스가 많이 줄어 부드러운 맛이 납니다. 꼭 스와링 작업을 거친 후 컵에 따라 마시세요.

**CHECK POINT**

**케멕스로 진한 커피를 내리고 싶다면**
케멕스로 내린 커피는 부드러워서 강렬한 커피를 좋아하는 사람들은 밋밋하다고 생각하는 경우도 있습니다. 케멕스로 조금 더 강한 커피를 추출하고 싶다면 원두를 넣고 뜸을 들인 다음 물줄기를 가늘고 세밀하게 해서 정(正)드립을 하면 됩니다.

## 핸드드립의 드리퍼를 응용해 만든
## 클레버(Clever)

대만에서 처음 개발되어 전 세계 10여 개국의 특허를 받은 제품으로, 프렌치 프레스와 드리퍼의 장점을 결합한 새로운 추출 도구입니다. 평평한 바닥에서는 드리퍼 안의 커피가 그대로 있다가 서버에 올려놓으면 패킹이 올라가면서 커피가 추출되는 방식입니다. 간단한 추출 과정이므로 특별한 기술이 없더라도 훌륭한 커피를 즐길 수 있다는 장점이 있죠.

커피의 분쇄도는 일반 핸드드립 분쇄도로 하면 되고요. 필터를 사용하기 때문에 프렌치프레스와 달리 커피가루가 남지 않습니다. 침지 방식이므로, 풍부한 바디감과 함께 핸드드립에서 느낄 수 있는 깔끔한 맛을 함께 즐길 수 있습니다.

**준비해 두세요(2인분)**

클레버, 전용 여과지, 드립포트, 계량스푼(계량저울), 온도계, 원두가루 20g, 온수 400~450ml

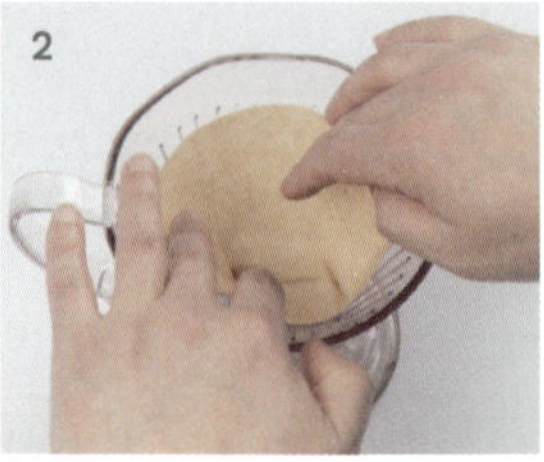

### 주의사항

추출 도중 드리퍼 하부를 만지면 절대 안 됩니다. 쉽게 개폐가 되기 때문에 자칫하면 커피를 흘릴 수 있어요.

1 필터를 접습니다. 필터를 접는 방법은 핸드드립 필터를 접는 방법과 같아요.
2 클레버 드리퍼에 필터를 장착합니다.
3 뜨거운 물을 부어 필터를 린싱합니다. 클레버는 오랫동안 물과 필터가 접촉해 있어서 필터의 잡내가 밸 수 있으므로 린싱 과정을 거치는 것이 좋아요.
4 패킹 아래에 컵을 받쳐 헹구고 난 물을 버립니다.
5 핸드드립용으로 분쇄된 원두가루 20g을 넣고 좌우로 흔들어 수평을 맞춥니다.
6 물 50~60ml를 붓고 30초 정도 뜸을 들이세요.
7 물 50ml를 더 붓고 스틱으로 젓습니다. 이때 스틱을 너무 깊숙이 넣어 필터가 상하지 않도록 합니다.
8 물 150ml를 붓고 뚜껑을 닫으세요.
9 3분 정도 기다린 후 클레버 패킹 아래에 컵을 놓고 추출합니다.
10 여름에 아이스 커피로 즐기려면 잔에 얼음을 넣고 추출하세요.

**CHECK POINT**

**클레버로 다양한 맛을 추출하는 방법**
클레버는 프렌치프레스와 핸드드립의 중간 정도의 맛을 추출하는 도구입니다. 조금 더 진한 커피를 마시고 싶다면 추출하는 시간을 더 늘리면 됩니다. 물을 붓고 4분 정도 기다리면 농도가 더 진한 커피를 추출할 수 있고, 2분 정도로 추출 시간을 짧게 하면 깔끔하고 향이 좋은 커피를 즐길 수 있답니다.

## 물결의 원리를 이용한
## 웨이브 드리퍼(Wave Dripper)

칼리타에서 개발한 웨이브 드리퍼는 필터의 20개 주름이 리브의 역할을 대신 합니다. 평평한 바닥에 3개의 작은 구멍이 있어 커피가 고르게 추출되어 일정한 커피 맛을 내는 드리퍼입니다.

**준비해 두세요(2인분)**

웨이브 드리퍼, 웨이브 전용 여과지, 서버, 드립포트, 계량스푼(계량저울), 온도계, 원두가루 20g, 온수 400~450ml

1. 드리퍼에 웨이브 필터를 장착하고 뜨거운 물을 부어 드리퍼와 서버를 예열합니다.
2. 여과지에 원두가루를 넣고 수평을 맞춘 후 물을 빠르게 두세 바퀴 돌리며 뜸을 들입니다. 30~40초가 지나서 아로마돔의 표면에 크랙이 생기면 추출을 시작합니다.
3. 뜸이 충분히 들었다고 생각되면 중앙에서부터 물줄기를 촘촘히 주면서 바깥쪽으로 나선형 원을 그려가다가 다시 중앙으로 들어옵니다. 필터에 물줄기가 닿으면 잡미가 나올 수 있으므로 유의하세요. 잠시 기다려 부풀어 오르는 원두의 표면이 수평으로 가라앉으면 2차 추출을 시작합니다.
4. 2차 추출부터는 처음에는 천천히 붓다가 물줄기를 점차 굵게 합니다. 이 단계에서 너무 천천히 하면 산미가 강해지는 경향이 있어요. 물이 차면서 70% 정도의 커피가 추출되면 부풀어 오른 원두가 평평하게 가라앉을 때까지 잠시 기다렸다가 3차 추출하세요. 3차 추출에서는 물줄기를 조금 더 굵게 주다가 원하는 양이 추출되면 물 빠짐을 기다리지 말고 바로 드리퍼를 제거하면 됩니다.

---

**주의사항**

웨이브 필터를 린싱할 때 물을 너무 많이 붓지 않도록 합니다. 필터가 와르르 무너져 내릴 수도 있기 때문이죠.

## 면과 모직을 혼합해 만든
## 융 드립(Flannel Drip)

플란넬 드립이라고도 하는 융 드립은 드립법 중에 가장 시초가 되는 추출법이랍니다. 페이퍼 여과지에서는 통과를 잘 못 하는 커피의 오일 성분이 융에서는 쉽게 통과되는데요. 그래서 오일이 풍부하고 커피 맛이 묵직하면서도 여운이 오래가서 핸드드립 방법 중 가장 맛이 뛰어나죠. 하지만 융의 관리가 번거로운 것이 단점입니다.

**준비해 두세요(2인분)**

융 드리퍼, 드립포트, 야구라(융 드리퍼 받침대), 서버, 계량스푼(계량저울), 온도계, 원두가루 20g, 온수 400~450ml

**융 드리퍼 관리법**

융을 처음 사용할 때는 뜨거운 물에 2~3분 정도 삶아서 사용하세요. 사용한 후에는 잘 빨아서 공기에 직접 접촉하지 않게 물에 담근 채로 보관합니다. 커피 성분이 남아있는 융이 공기와 접촉하면 산화되어 냄새가 나고, 세균의 번식도 우려되기 때문이죠.

젖은 상태의 융을 지퍼백에 물과 함께 넣어 냉장고에 보관하기도 하는데요. 오랫동안 사용하지 않을 때는 완전히 건조시켜 보관해야 세균이 번식하지 않습니다. 여러 번 사용한 후에는 삶아서 천에 낀 찌꺼기를 제거하고, 많이 사용해서 추출 속도가 너무 빨라지면 새 천으로 교환하세요.

1. 젖어 있는 융 드리퍼의 끝부분을 손으로 돌려 물기를 짜 줍니다. 타월로 두드려 물기를 빼도 좋아요.
2. 융의 돌기가 양면으로 되어 있는 것도 있고 단면으로 되어 있는 것이 있는데 보통 단면의 융을 사용해요. 융의 돌기를 바깥쪽으로 해서 준비하세요.
3. 야구래(융 드리퍼 받침대)에 융 드리퍼를 걸고, 하단에 서버를 위치하여 드립 준비를 한 후 융에 원두가루를 넣으세요. 그리고 가볍게 흔들어 가루 표면을 평평하게 합니다.
4. 준비가 끝나면 적당량의 물을 회전시키면서 골고루 부어 30~40초간 뜸을 들이세요. 받침대가 없는 경우 융 드리퍼의 손잡이를 잡아 손으로 들고 드립해도 됩니다.
5. Basic Drip과 같은 방법으로 중앙에서부터 바깥 방향으로 나선형으로 물줄기를 줍니다. 물이 많이 차오르면 물이 빠져나가 수평이 될 때까지 잠시 기다렸다가 계속 나선형으로 물 주기를 반복합니다.
6. 융의 하단 부분으로 가늘고 길게 흘러나오는 커피액 줄기가 만들어지는데 이 상태가 끊어지지 않게 나선형 물 주기를 반복해서 원하는 용량이 추출될 때까지 계속합니다.
7. 원두가루 표면에 생기는 잔거품이 커피에 섞이면 텁텁한 잡미가 나므로 거품이 가라앉기 전에 융 드리퍼와 서버를 분리하세요.

# 휴대용 올인원 커피메이커
# 카플라노

필자는 커피 교육을 다닐 때마다 홈 카페용 커피도구 시장은 일본, 대만, 이탈리아 등의 해외업체가 선점해 가고 있으니 우리 업체들도 분발해야 한다고 강조합니다. 아직도 홈 카페 및 브루잉 시장에서 우리나라 업체 제품을 찾기가 쉽지 않습니다. 하지만 지금 소개하는 카플라노는 우리나라 기술로 개발된 휴대가 간편한 커피 도구입니다.

제이알피코퍼레이션에서 2015년에 개발한 카플라노는 품격과 실용성을 동시에 만족시킬 수 있는 컴팩트한 도구입니다. 그라인더와 스테인리스 스틸 드리퍼, 텀블러가 일체형이어서 쉽게 원두커피를 즐길 수 있는 제품입니다. 점점 다양해지는 소비자의 취향과 소비 유형을 조사하고 연구한 끝에 개발된 카플라노 커피메이커는 원두커피 고유의 향과 맛은 물론, 그라인딩을 하며 느껴지는 떨림과 경쾌한 소리, 드립핑을 하는 동안 보이는 커피 원액의 선명한 색상까지 모두 즐길 수 있답니다. 오감을 만족할 수 있는 올인원 커피메이커 카플라노로 커피를 즐겨 보세요.

**주의사항**

포트 역할을 하는 뚜껑에 물을 채우고 부을 때 물이 넘쳐 화상을 입을 수 있으니 주의하세요.

**준비해 두세요(2인분)**

카플라노, 계량스푼(계량저울), 온도계, 홀빈 20g, 온수 400~450ml

1

2

3

4

5

6

7

1   핸드드립용으로 분쇄도를 조절하고 원두 20g을 넣고 분쇄하세요.
2   그라인더 부분을 분해하면 분쇄된 원두가 자동으로 아래 드리퍼에 채워져 있습니다.
3   뚜껑에 뜨거운 물 200ml 정도를 채우고, 드리퍼 안에 든 원두가 골고루 적셔질 정도로 물을 붓습니다.
4   뜸을 들인 후 30초 정도 기다립니다.
5   다시 뚜껑을 들고 드리퍼의 안쪽에서부터 바깥쪽으로 원을 그리면서 추출합니다.
6   추출이 완료될 때까지 잠시 기다리세요.
7   추출이 완료되면 물을 부어 농도를 맞춘 후 즐기세요.

## 여행용으로도 좋은
## 그라인드리퍼

그라인더와 드리퍼가 결합한 신개념 핸드드립 커피메이커입니다. 우리나라에서 개발되고 제작된 그라인드리퍼는 원두를 분쇄하는 그라인더와 분쇄된 원두가루를 담아 추출하는 드리퍼가 하나로 합쳐진 일체형으로, 분쇄된 원두가 바로 드리퍼에 담겨 깔끔하고 편리하게 핸드드립 커피를 즐길 수 있습니다. 부피가 작아 휴대가 간편해 가정이나 사무실에서도 사용하기 편리하며 캠핑, 등산, 낚시 등 아웃도어 활동에도 적합합니다.

**CHECK POINT**

**그라인드리퍼는 트라이탄 소재로 만들었어요**
친환경 신소재 트라이탄(Tritan)을 사용한 그라인드리퍼의 드리퍼와 용기는 뜨거운 물이 닿아도 환경호르몬이 방출되지 않습니다. 트라이탄은 환경호르몬 의심 물질 비스페놀-A(BPA)를 비롯하여 인체에 유해한 가소재를 첨가하지 않은 순수 폴리에스터 원료인데요. 그라인드리퍼는 커피용품 중 최초로 트라이탄 신소재를 사용했답니다.

### 준비해 두세요(2인분)

그라인드리퍼, 계량스푼(계량저울), 온도계, 홀빈 20g, 온수 400~450ml

1. 그라인더에 손잡이를 결합하고 원두 20g을 넣으세요.
2. 그라인더 밑에 원두 보관통을 장착하세요. 필터를 끼운 드리퍼를 그라인더 밑에 바로 장착해 사용해도 됩니다.
3. 원두를 갈아 주세요. 그라인더의 몸통을 잘 잡아야 쓰러지지 않습니다.
4. 원두가 다 갈리면 그라인더와 보관통을 분리하세요.
5. 필터를 꺼내어 선을 따라 접으세요.
6. 드리퍼에 필터를 끼우세요.
7. 필터가 장착된 드리퍼에 뜨거운 물을 부어 종이의 잡내를 제거해 주고 드리퍼를 예열합니다.
8. 예열이 끝난 드리퍼에 원두를 붓습니다.

9   드리퍼를 좌우로 한두 번 흔들어 원두의 수평을 맞추세요.
10  약 50ml 정도의 물을 골고루 부어 뜸을 들이고 30초 정도 기다립니다.
11  드립을 시작합니다. 드리퍼의 정 중앙에서부터 세밀한 물줄기로 안에서 바깥쪽으로, 다시 밖에서 안쪽으로 원을 그린 후 5초 쉽니다. 두 번째 드립도 같은 방법으로 원 그리기를 반복하고 5초 쉽니다. 세 번째 드립은 안에서 바깥쪽으로만 원을 그립니다.
12  추출된 커피에 적당량의 물을 희석하여 즐기세요.

**주의사항**

원두를 분쇄하는 그라인더 입구가 좁습니다. 원두를 넣을 때 소량으로 넣어 주세요. 그리고 원두를 갈 때 그라인더의 몸통 부분을 잘 잡아야 쓰러지지 않습니다.

# 반영구 필터 콘(Kone)

콘은 미국의 코아바 커피의 자회사 '에이블'사에서 개발한 스테인리스 소재의 필터입니다. 매일 수천 장씩 버려지는 종이필터를 대체할 친환경 제품을 고민하다가 만들어진 새로운 핸드드립용 필터로, 물로 헹구어 영구 사용이 가능합니다. 종이필터와 달리 커피의 오일 성분을 흡수하지 않고 함께 추출되어 더욱 깊고 진한 맛을 느낄 수 있습니다. 1세대와 2세대를 거쳐 지금은 추출구가 더욱 촘촘하고 가장자리에 실리콘이 덧대어 있는 3세대 모델이 판매되고 있는데요. 하리오, 고노형 드리퍼와 케멕스Chemex 커피메이커에도 넣고 사용할 수 있습니다.

추출구

**CHECK POINT**

**콘으로 추출할 때는 커피 입자를 굵게**
콘은 종이필터 대안으로 발명되기는 했지만 종이필터 커피와는 맛이 확연히 다릅니다. 커피를 너무 잘게 갈면 미분이 커피에 포함되기 때문에 텁텁한 맛이 날 수 있어요. 그래서 이를 방지하기 위해 핸드드립보다 약간 굵게, 모카포트보다 약간 잘게 원두를 분쇄해서 사용하는 것이 좋습니다.

**준비해 두세요(2인분)**

콘, 계량스푼(계량저울), 온도계, 원두가루 20g, 온수 400~450ml

1 케멕스에 콘을 장착하세요.
2 원두 20g을 핸드드립용보다 약간 굵게 갈아 콘에 넣습니다.
3 원두가 담긴 콘을 흔들어 수평을 맞춰 줍니다.
4 뜨거운 물 50ml 정도를 부어 뜸을 들입니다.
5 뜸을 들이고 30초 정도 기다리세요.
6 첫 번째 드립을 시작합니다. 정 중앙에서부터 세밀한 물줄기로 안에서 바깥쪽으로, 다시 밖에서 안쪽으로 원을 그리고 5초 쉽니다.
7 두 번째 드립도 같은 방법으로 원 그리기를 반복하고 5초 쉽니다. 세 번째 드립은 안에서 바깥쪽으로만 원을 그립니다.
8 추출이 완료되면 콘을 케멕스에서 제거합니다. 이때 뜨거울 수 있으므로 조심하세요.
9 추출된 커피를 잔에 따르고 기호에 따라 물을 희석해서 마십니다.
10 콘으로 추출된 커피는 종이필터로 추출한 커피보다 묵직하고 텁텁합니다. 미세한 원두가루와 오일이 함께 추출되기 때문이죠.

---

**주의사항**

추출구가 촘촘하긴 하지만 미분이 추출되어 약간 텁텁한 맛이 나기도 합니다.

## 야외활동에 적합한
## 칼리타 뉴칸토리

1958년에 설립된 칼리타는 50년 이상의 역사를 가진 커피용품 브랜드입니다. 정밀하고 고도로 세련된 커피 기구를 통해서 일본에 커피 문화를 보급했고, 지금은 우리나라와 아시아 전역에서 유명한 브랜드가 되었습니다. 칼리타는 커피 본연의 맛을 한층 더 풍미 있게 즐길 수 있도록 다양한 커피 추출 도구를 연구하고 개발하는 데 주력하고 있습니다. 이러한 기업의 철학이 그대로 반영된 제품이 뉴칸토리입니다. 뉴칸토리는 야외 활동에 적합하도록 튼튼하고 간편한 구성인데, 다양한 용도로도 사용이 가능한 제품입니다.

**주의사항**

스테인리스 재질로 되어 있어 가열이 가능하지만 손잡이 등을 잡을 때에는 화상에 주의해야 합니다.

### 준비해 두세요(2인분)

뉴칸토리, 계량스푼(계량저울), 온도계, 원두가루 20g, 온수 400~450ml

1. 도구를 분해해서 필터와 스푼을 함께 준비합니다.
2. 서버 위에 드리퍼를 올려 주세요.
3. 필터를 접어 드리퍼 안에 장착합니다.
4. 원두가루 20g을 드리퍼에 넣으세요.
5. 드리퍼를 좌우로 흔들어 원두의 수평을 맞춘 후 뜨거운 물 약 50ml 정도를 부어 뜸을 들입니다.
6. 물을 부은 후 30초 정도 기다립니다.
7. 첫 번째 드립을 시작합니다. 정 중앙에서부터 세밀한 물줄기로 안에서 바깥쪽으로, 다시 밖에서 안쪽으로 원을 그리고 5초 쉽니다. 두 번째 드립도 같은 방법으로 원을 그리고 5초 쉽니다. 세 번째 드립은 안에서 바깥쪽으로만 원을 그리세요.
8. 추출된 커피의 양이 200ml 정도가 되면 드리퍼를 서버와 분리하세요. 기호에 따라 물을 희석하여 마시면 됩니다.

**뉴칸토리로 드립을 쉽게 하는 방법**

뉴칸토리 중간 부분에 있는 물 내림 필터를 이용해 드립을 아래와 같이 손쉽게 할 수도 있습니다.

1. 드리퍼에 필터를 끼우고 원두가루 20g을 담습니다.

2. 뜨거운 물 50ml 정도를 부어 준 후 30초 정도 기다리세요.

3. 뜸을 들인 후 중간 부분의 물 내림 필터를 드리퍼 위에 올립니다.

4. 뜨거운 물 200ml 정도를 물 내림 필터에 부으세요.

5. 물 내림 필터의 구멍을 통해 물이 천천히 필터로 공급되면서 추출됩니다.

6. 추출이 시작될 때 물이 식는 것을 방지하기 위해 뚜껑을 닫으세요.

7. 추출이 완료되면 드리퍼의 손잡이를 잡고 서버에서 분리합니다.

8. 추출이 완료된 커피는 기호에 따라 물을 희석해 마십니다.

# 어느 집에나 한 대씩 있는
# 커피메이커 셀렉션

드립식 자동 커피메이커는 분쇄된 원두를 필터에 담아 넣고, 전기로 가열된 뜨거운 물이 원두가루로 떨어져 추출하는 방식입니다. 커피메이커용 분쇄도는 드립용이 좋습니다. 에스프레소용으로 곱게 갈면 물이 빠지지 않아서 추출이 불가능하기 때문이죠. 쓴맛이 덜하고 순한 커피를 추출할 수 있는 도구로, 물의 양에 따라 농도를 조절할 수 있고 추출 시간이 짧아 가정에서 많이 사용합니다.

여기에서 소개할 커피메이커는 '모카마스터Moccamaster'입니다. 가장 최근에 개발된 커피메이커로, 맛과 향이 뛰어난 커피를 추출하는 기구입니다. 모카마스터는 1964년에 설립되어 50년의 역사를 가진 '테크닉봄Technivorm'이라는 네덜란드 회사에서 만들어졌습니다. 테크닉봄사는 모든 제품을 수작업으로 만드는 것으로도 유명한데요. 정밀한 보일링 시스템을 가진 모카마스터는 커피 추출의 최적 온도인 92~94℃를 유지하며 일관된 커피 맛을 추출합니다. 또한 SCAA, SCAE의 기술 인증을 받았으며, 브루잉 기계에 대한 높은 품질 기준을 가지고 테스트하는 노르웨이 커피 협회 산하의 ECBC의 승인도 받았습니다.

출제 : www.biccamera.com

### 주의사항

분쇄 굵기가 가늘면 추출이 안 되어 위로 물이 넘쳐 흐를 수 있습니다. 또한 커피를 받는 용기보다 물의 양이 많을 경우 흘러 넘칠 수 있으니 주의하세요.

## 준비해 두세요(2인분)

모카마스터(1~2인용), 원두가루 20g, 종이필터(1~2인용) 1개, 생수 400ml

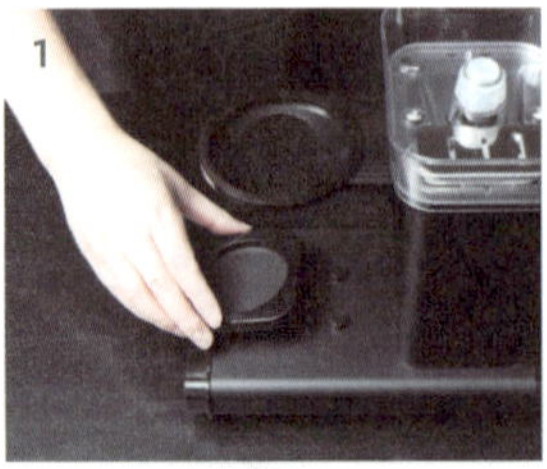

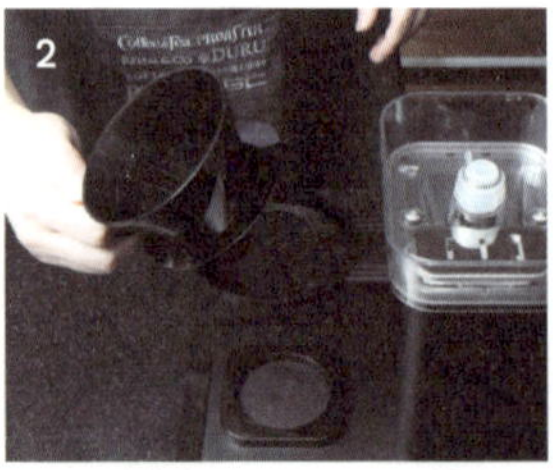

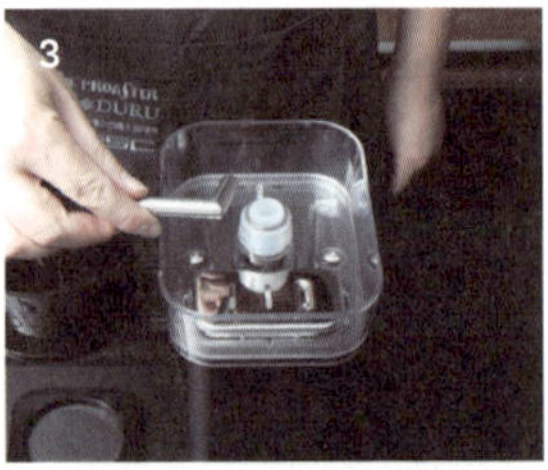

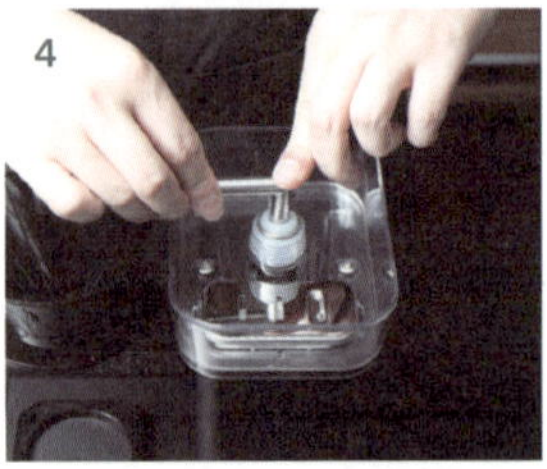

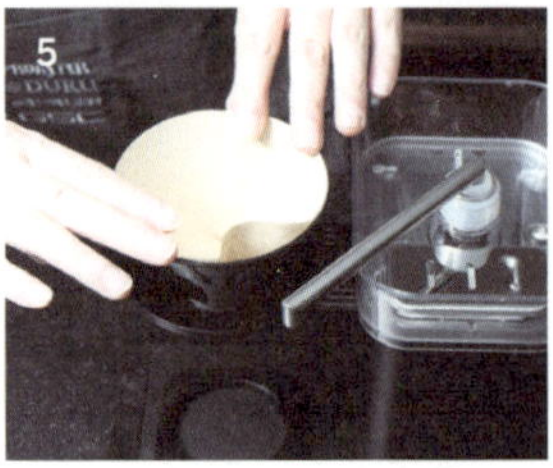

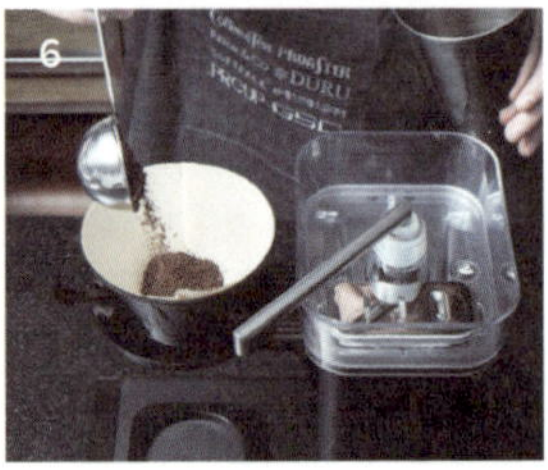

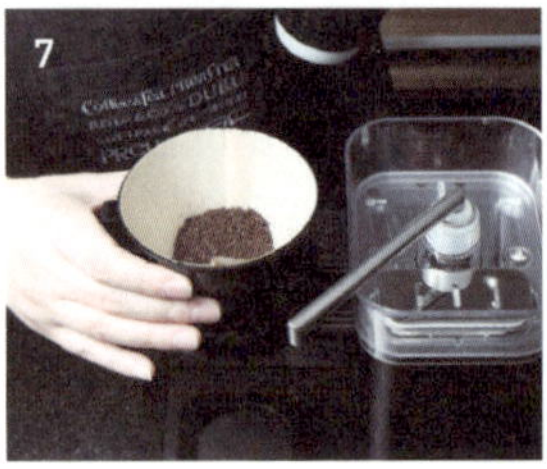

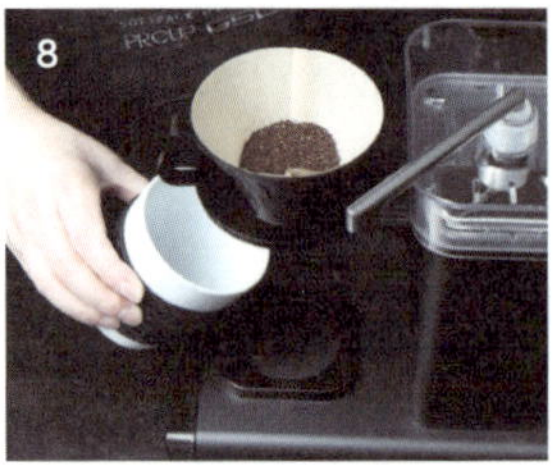

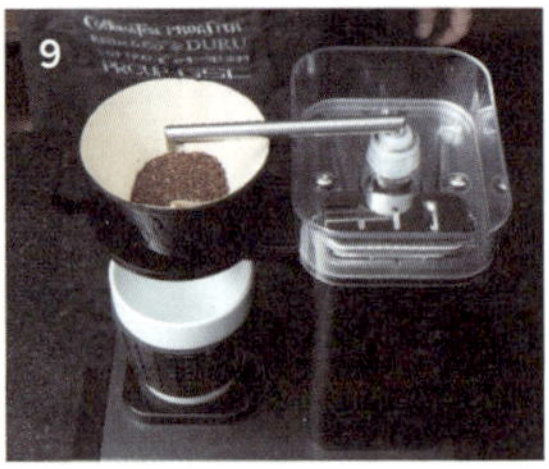

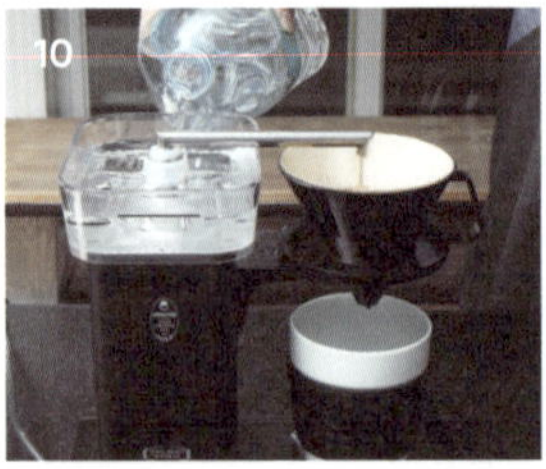

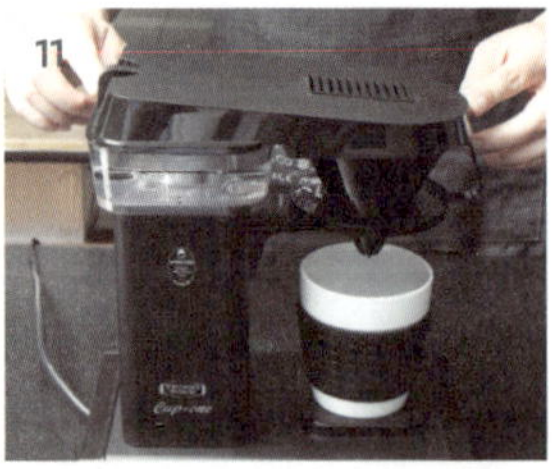

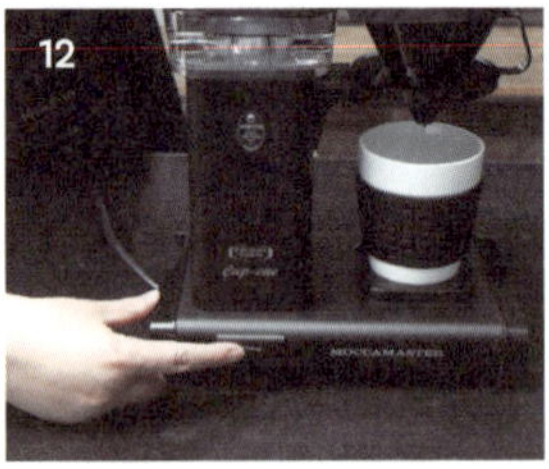

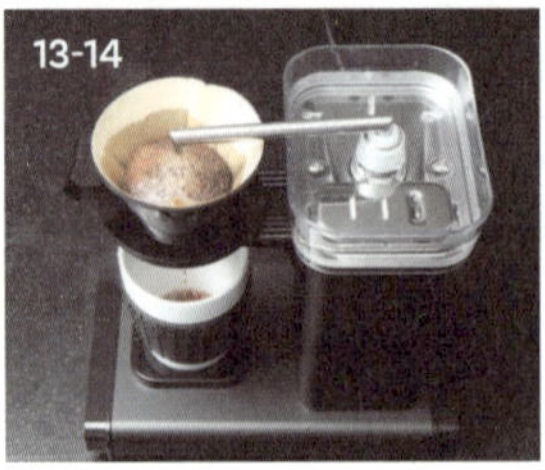

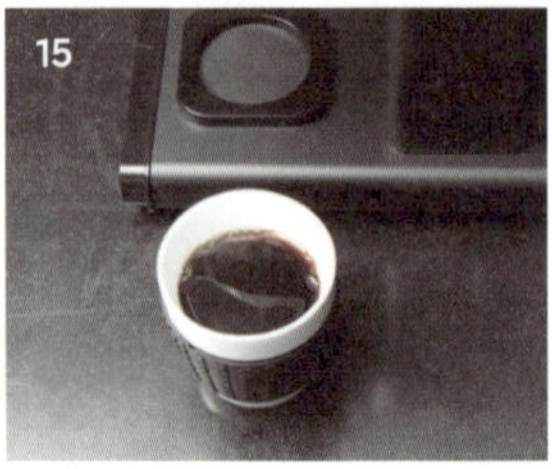

1  모카마스터 기계를 조립합니다. 먼저 컵 받침대를 장착하세요.
2  드리퍼 받침대에 드리퍼를 올려 줍니다. 드리퍼는 칼리타, 하리오, 고노 1~2인용 모두 호환이 가능합니다.
3  수조에 스프레이홀을 장착합니다.
4  홈에 넣고 더 들어가지 않을 때까지 꾹 눌러 주세요.
5  드리퍼에 필터를 장착합니다.
6  필터에 원두가루 20g을 채웁니다.
7  드리퍼를 잡고 좌우로 한두 번 흔들어 원두가루를 평평하게 합니다.
8  드리퍼 아래 컵을 놓으세요. 컵은 모카마스터 전용컵 외에도 다양한 컵을 사용할 수 있습니다.
9  스프레이홀을 드리퍼의 중앙에 위치하도록 방향을 맞춰 줍니다.
10 수조에 물을 채우세요. 1~2인용 모카마스터는 400ml 눈금이 그어져 있습니다. 눈금에 도달할 때까지 채우면 됩니다.
11 수조와 추출구의 뚜껑을 닫습니다.
12 기계의 전원을 켜고 기다립니다.
13 2~3분 후 물이 끓기 시작하면 추출이 시작됩니다.
14 1~2인용 모카마스터는 물을 가운데로만 분사하는 구조입니다. 더 큰 기계는 스프레이홀이 크고 구멍이 여러 개이기 때문에 드리퍼 안에 골고루 물을 뿌리는 구조이고요.
15 추출이 완료되면 드리퍼에서 컵을 분리해서 마시면 됩니다. 뜨거운 물을 부어 입맛에 맞게 농도를 조절하세요.

**INFUSION SYSTEM**

인퓨전
방식

인퓨전 방식은 커피원두를 넣고 우려내는 방식으로 커피를 추출하는 방법을 말합니다. 인퓨전 방식으로 추출한 커피는 다른 방식에 비해 묵직하고 강렬한 맛을 느낄 수 있습니다.

# 누구나 쉽게 사용할 수 있는
# 프렌치프레스(French Press)

프렌치프레스는 Tea maker, Plunger, Melior 등 다양한 이름으로 불립니다. 프랑스의 보덤Bodum사가 프렌치프레스라는 이름으로 유행시켜 지금은 보편적인 명칭이 되었죠.

유리로 된 용기 안에 피스톤이 달린 뚜껑으로 구성된 기구인데요. 유리 용기에 분쇄된 원두가루를 넣고 뜨거운 물을 부어 일정 시간 우려낸 후 피스톤을 눌러 커피를 추출합니다. 물에 긴 시간 우리기 때문에 컵에 따를 때 커피 미분이 딸려 올 수 있어서 원두를 굵게 분쇄하는 것이 좋습니다. 가장 쉽게 커피를 추출할 수 있는 도구인 프렌치프레스를 통해 오일 성분이 더해진 바디감 있는 커피를 즐겨 보세요.

**주의사항**

프렌치프레스에 적합한 원두 분쇄도는 굵은 분쇄도입니다. 원두를 너무 미세하게 갈면 음료에 미분이 남아서 거친 느낌의 커피가 추출될 수도 있습니다.

**준비해 두세요(2인분)**

프렌치프레스, 계량스푼, 온도계, 나무막대, 원두가루 20g, 온수 400~450ml

1  용기에 뜨거운 물을 부어 예열한 다음 물을 버립니다.
2  용기에 원두가루를 넣습니다.
3  뜨거운 물을 250ml 정도 붓고 뚜껑을 닫습니다.
4  1분 후 뚜껑을 열고 커피를 젓습니다. 노란 크레마 거품이 보일 정도로 10회 정도 젓습니다.
5  뚜껑을 닫고 1분을 기다립니다.
6  플런저를 절반 정도 내리고 1분 정도 기다립니다.

7  플런저를 끝까지 내리고 1분 더 기다립니다.
8  잔에 커피를 따릅니다. 밑바닥에 있는 커피까지 따를 경우 찌꺼기가 섞일 수 있으니 조금 남기고 따르세요.

CHECK POINT

**추출 시간은 너무 길지 않게**
프렌치프레스로 커피를 추출할 때 4분 이상 넘기면 지나치게 커피가 많이 우러나와 떫은맛과 날카로운 여운이 느껴집니다. 또한 커피 분쇄도가 가늘면 추출을 더 빨리 해야 합니다. 플런저 거름망에 융필터를 끼우면 미분 없는 깔끔한 맛의 커피를 즐길 수 있습니다.

## 침출식 커피를 만드는
## 인퓨전 커피메이커

Masas Fujii Design사에서 만든 인퓨전 커피메이커Infusion Coffee Maker로 쉽고 빠르게 질 좋은 커피를 만들 수 있습니다. 가압과 여과지가 필요 없이 간단하게 커피나 차를 우릴 수 있죠. 하리오Hario사에서 만든 인퓨전 커피메이커는 '미즈다시Mizudashi'로 불리는데, 미즈다시란 일본어로 '물에 우린다'는 뜻입니다. 미즈다시나 인퓨전 커피메이커는 오랜 시간 찬물에 커피를 담가 우려내는 콜드 브루 형태로도 응용할 수 있어요.

**CHECK POINT**

**찬물로 커피를 우려낼 수도 있어요**

인퓨전 커피메이커에 뜨거운 물 대신 찬물을 붓고 8시간 이상 오래 우리면 콜드 브루 혹은 더치커피와 같은 맛의 커피를 추출할 수 있습니다. 찬물로 추출하면 술처럼 살짝 숙성된 향이 나기도 합니다. 또한 인퓨전 커피메이커는 차를 우리는 용도로도 사용할 수 있는데요. 뜨거운 물을 부어 차를 우려내도 되고, 찬물을 부어 8시간 이상 우려내 냉침차를 만들 수도 있습니다.

**준비해 두세요(2인분)**

인퓨전 커피메이커, 계량스푼, 온도계, 원두가루 40g, 온수 400~450ml

1. 덮개를 부착하고 바스켓 인퓨저를 끼우세요.
2. 덮개의 레버가 티팟 손잡이와 일직선 상에 위치하도록 놓습니다.
3. 핸드드립용보다 조금 굵게 간 원두가루 30g을 인퓨저에 넣습니다.
4. 물을 약 50ml 정도 부어 뜸을 들인 후 30초 정도 기다립니다.
5. 물 150ml 정도를 부어 원두가루가 물에 잠기게 하고 1분 정도 기다립니다.
6. 원두가루를 10g 정도 더 넣습니다.
7. 물을 약 100ml 정도 더 붓습니다. 이때 최대한 원두가 물을 잘 흡수할 수 있도록 합니다.
8. 물 붓기가 끝나면 뚜껑을 닫고 4~5분 기다립니다.
9. 뚜껑을 열고 손잡이를 당겨 인퓨저를 분리합니다.
10. 기호에 맞게 물을 희석해서 마십니다.
11. 인퓨전 커피메이커로 추출한 커피는 여과식에 비해 약간 텁텁한 맛이 나지만 강렬하고 묵직한 맛을 즐길 수 있습니다.

---

**주의사항**

미분이 발생할 수 있기 때문에 원두를 너무 잘게 갈지 않는 것이 좋습니다.

# 진하고 구수한 커피 맛, 베트남 핀

베트남은 세계 2위의 커피 생산대국입니다. 프랑스 식민지 시절, 달랏 등의 고원 지대에 커피 농장이 세워지면서 질 좋고 맛이 뛰어난 커피가 생산되기 시작했습니다. 핀은 원래는 프랑스식 방법이었지만, 지금은 식민지였던 베트남에만 존재하는 커피 문화가 되었답니다.

베트남의 커피는 진하고 구수한 맛이 특징인데요. 보통 양철이나 알루미늄으로 만든 필터인 '핀'이라는 도구로 걸러서 마십니다. 핀은 본체, 스트레이너, 뚜껑으로 구성되어 있는데, 만드는 회사에 따라 구성품이 조금 다를 수는 있어요. 또한 핀은 필터가 따로 없기 때문에 가늘게 갈면 커피 입자가 같이 추출됩니다. 따라서 프렌치프레스용 정도로 굵게 분쇄하여 추출하는 것이 좋아요. 베트남 현지에서는 주로 로부스타 커피를 내려 마시기 때문에 쓴맛이 강한 커피가 추출됩니다. 그래서 보통은 달콤한 연유를 잔에 부어 놓고 커피를 내려 섞어 마십니다.

> **CHECK POINT**
>
> **핀으로 추출한 커피의 맛**
> 커피를 물에 우려내는 시간이 긴 편이어서 프렌치프레스와 유사한 농도 짙은 커피가 추출되는데요. 알루미늄이나 스테인리스 등 금속 소재로 만들어진 도구라 커피오일이 그대로 추출되어 바디감이 묵직한 커피가 추출됩니다. 또한 3중으로 된 필터로 걸러내기 때문에 미분이 적은 게 장점이죠.

**준비해 두세요(2인분)**

베트남 핀, 연유, 계량스푼, 온도계, 원두가루 20g, 온수 400~450ml

1 잔 위에 도구를 올려놓고 뜨거운 물을 부어 예열합니다.
2 잔에 연유를 넣으세요. 연유의 양은 개인의 기호에 따라 조절하세요.
3 핸드드립용으로 분쇄된 원두가루 20g을 체임버에 담으세요.
4 체임버를 좌우로 살짝 흔들어 원두가루의 수평을 맞춥니다.
5 원두가루 위에 물을 부어 뜸을 들여 줍니다. 원두가루가 골고루 적셔질 정도로 물을 붓습니다.
6 원두가루 위에 스트레이너를 올려 결합합니다.

7   물 100ml 정도를 서서히 부어 줍니다. 물이 천천히 빠지는 도구이므로 물을 너무 급하게 부어서는 안 돼요.

8   추출이 완료될 때까지 뚜껑을 닫고 기다립니다.

9   추출이 끝나면 커피와 연유를 잘 저어서 마십니다. 차가운 음료로 즐기려면 얼음을 넣어서 마시세요.

---

**주의사항**

원두가루를 너무 가늘게 분쇄하면 커피 입자가 같이 추출되어 맛이 텁텁해지고 추출 시간도 길어져요.

# 커피를 차갑게 즐기기 위해 개발된
# 콜드 브루(Cold Brew)

워터드립 혹은 더치커피라고도 하는 콜드 브루는 커피를 찬물로 천천히 추출하는 방식입니다. 적도 주변을 항해하던 네덜란드 선원에 의해 개발되었다고 알려졌지만, 구체적인 역사적 증거는 없습니다. 네덜란드 식민지였던 인도네시아 상인들이 인도네시아에서 커피를 운반하는 과정 중 오랫동안 커피를 두고 마시기 위해 고안한 추출법이라고도 알려져 있죠.

콜드 브루는 찬물을 이용해서 추출하기 때문에 장기간 보관할 수 있다는 장점이 있습니다. 콜드 브루가 카페인이 전혀 없다고 알려졌지만, 물에 잘 녹는 수용성 물질인 카페인이 전혀 없는 것은 아닙니다. 뜨거운 물을 이용하여 빨리 카페인이 녹을 때와는 달리 냉수를 이용하면 카페인이 조금씩 천천히 녹아들기 때문에 오히려 더 많은 카페인이 들어 있죠. 콜드 브루 원두의 분쇄도는 에스프레소보다 굵고, 드립보다는 고와야 추출이 잘 이루어지는데요. 추출하는 사람의 입맛에 따라 조금 진한 커피를 원하면 곱게, 부드러운 맛의 커피를 원하면 조금 굵게 분쇄해서 사용하면 됩니다.

콜드 브루는 뜨거운 물로 내리는 커피와 달리 좀 더 깔끔하고 부드러운 맛이 특징인데요. 추출 후에 하루 정도 냉장고에서 숙성해서 마시면 와인과 같이 향긋하고 섬세한 커피의 향미를 느낄 수 있습니다.

> **CHECK POINT**
>
> **커피의 눈물이라 불리는 콜드 브루**
> 수조의 물이 한 방울씩 천천히 떨어지면서 추출되는 콜드 브루는 '커피의 눈물'이라 불립니다. 뜨거운 물로 추출하는 커피보다는 향과 맛이 떨어지지만 와인과 같은 독특한 풍미가 있어 얼음에 넣어 마시면 좋은 음료입니다. 와인처럼 숙성의 개념으로 보관과 저장이 가능하다는 장점도 있죠. 요즘은 콜드 브루로 내린 커피 원액에 우유나 시럽 등을 섞어 다양한 메뉴로 즐기기도 합니다.

**준비해 두세요(2인분)**

콜드 브루기(더치커피 기구), 계량스푼, 원두가루 40g, 냉수 1000ml

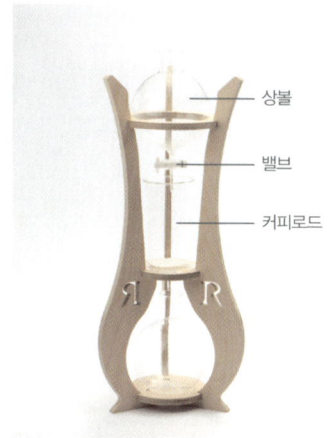

상볼
밸브
커피로드

1
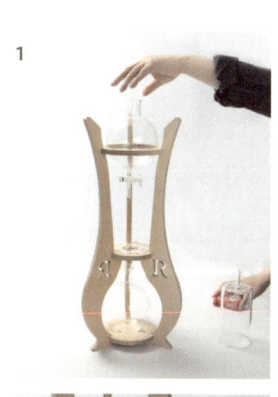

2

3

4

5
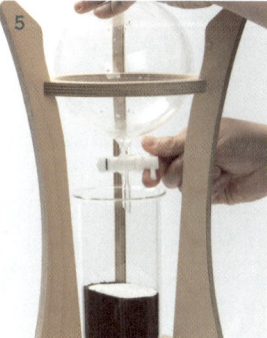

6

  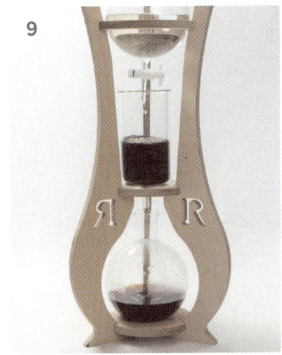

1. 용기를 깨끗이 살균해 주세요. 끓는 물에 끓이거나 전용 세제로 씻어야 합니다.
2. 커피로드에 필터를 깔아 줍니다. 필터를 넣고 물을 부으면 잘 고정됩니다.
3. 커피로드에 콜드 브루(더치커피)용으로 분쇄한 원두를 담으세요.
4. 커피로드를 좌우로 흔들어서 원두를 평평하게 해준 다음 필터를 맨 위에 깔아 주세요. 필터를 위에 깔아 주면 물이 고루 퍼져 균형 있게 추출됩니다.
5. 커피로드를 장착하고 상볼의 밸브를 완전히 잠그세요.
6. 상볼에 정수된 찬물을 부으세요. 추출할 용량에 맞게 부어야 합니다.
7. 밸브를 살짝 열어 커피로드 안에 든 커피가 고루 적셔질 정도로 물을 흘리세요. 물이 다 적셔지면 밸브를 잠그고 5~10분 정도 그대로 둡니다.
8. 밸브를 천천히 열어 물이 1초에 한 방울 정도 떨어지도록 조절합니다.
9. 추출이 완료된 커피는 밀폐 용기에 담아 냉장숙성시키세요.

### 주의사항

콜드 브루를 추출할 때 기구를 깨끗하게 세척하고 소독하지 않으면 대장균이나 일반 세균에 오염될 수 있어요. 대부분 추출하는 도구는 공기에 노출되어 있어서 공기 중에 떠도는 먼지로 커피가 오염될 수 있는데요. 가능하면 콜드 브루를 추출하는 전용 공간에서 추출하는 것이 좋습니다. 추출된 커피는 장기간 보관하지 말고, 되도록 빨리 마시는 것이 좋아요.

# 집에서 간편하게 즐기는
# 이와키 워터드립

일본에서 굿 디자인상을 수상한 이와키 워터드립 세트는 저렴한 가격대로 더치커피를 즐길 수 있는 드립세트입니다. 용량이 크고 비싼 더치기구를 집에서 즐기기 편한 디자인으로 축소해 놓은 도구죠.

이와키 워터드립기는 1초에 1~2방울 정도 물이 떨어지도록 맞춰져 있는데요. 물이 너무 빨리 떨어진다 싶으면 물탱크에 물을 반 정도만 담으면 됩니다. 수압으로 인해 물이 빨리 떨어지는 현상을 방지해 주기 때문이죠. 물 조절 밸브에서 물방울이 떨어지다 물탱크 안의 수압 및 공기압의 변화, 수온의 변화로 인해 일시적으로 물 멈춤 현상이 일어날 수도 있는데요. 이때는 물탱크 뚜껑을 열어 주면 다시 추출이 시작됩니다.

### 주의사항

커피를 필터 부분에 넣은 후에 다지지 마세요. 또한 필터가 손상될 수 있으니 커피를 막대로 저어서도 안 됩니다.

**준비해 두세요(2인분)**

이와키 워터드립기, 계량스푼, 원두가루 40g, 냉수 500ml

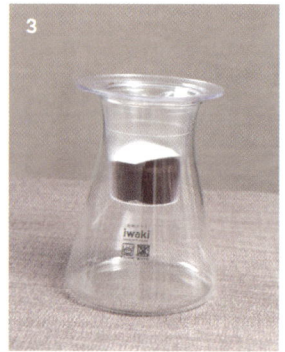

1. 원두가루 약 40g 정도를 필터에 담고 수평을 맞추세요. 필터 안쪽에 선이 있는데, 원두가루를 이 선보다 많이 담지 마세요.
2. 필터 바닥에 종이필터를 깔아 주면 추출 속도를 약간 늦출 수 있습니다. 다만 종이필터가 유지 성분을 흡수해 전체적으로 깔끔한 커피 맛이 날 수 있으니 유의하세요.
3. 원두가루 위에 종이필터를 한 장 올리세요. 물을 분산시켜 골고루 추출할 수 있게 도와줍니다.
4. 필터를 장착한 상태에서 약 40ml 정도의 물을 부어 뜸을 들입니다.
5. 물탱크를 뜨거운 물로 살균해 준 다음 드리퍼에 올리고, 450ml 정도의 찬물을 붓습니다.
6. 물이 떨어지기 시작하면 커피에 스며들어 추출이 시작됩니다. 2시간 동안 약 440ml의 커피가 추출됩니다.
7. 추출이 완료되면 냉장고에 하루 정도 보관했다 마시면 숙성된 워터드립 커피의 맛과 향을 즐길 수 있습니다.
8. 추출이 끝난 도구는 중성세제와 부드러운 스펀지로 잘 세척합니다.

**CHECK POINT**

**워터드립기의 속도가 너무 빠르다면**
이와키 워터드립기는 물의 속도가 자동으로 맞춰져 있습니다. 속도를 줄여 주고 싶다면 얼음을 담아 이를 녹이면서 추출하는 것도 좋은 방법입니다. 얼음이 자연스럽게 녹으면서 물로 변하고 이 물이 천천히 커피를 추출해 주는 원리를 이용하는 것이죠.

**PRESS METHOD**

프레스
방식

프레스 방식은 높은 압력을 이용해 커피를 추출하는 방식을 말합니다. 다른 방식에 비해 빨리 추출되고, 커피의 강한 맛을 느끼기 좋습니다.

# 신혼부부의 필수 아이템
# 모카포트(Moka pot)

이탈리아에서 스토브 톱Stove Top이라고도 불리는 모카포트는 증기압을 이용해서 진한 커피를 우려내는 도구입니다. 이탈리아의 비알레띠사에서 1993년 처음 발명한 '모카 익스프레스'에서 그 이름이 나왔다고 하네요. 알루미늄 재질이 주를 이루는데 그 외에 스테인리스 스틸, 도자기 재질의 제품도 있습니다.

비알레띠의 '브리카'라는 제품은 추출구에 압력 밸브를 달아 크레마 형성이 가능하고 투명한 뚜껑으로 커피가 추출되는 과정을 볼 수 있어 더 편리합니다. 모카포트는 필터 바스켓에 분쇄된 커피를 가득 채워야 해서 본인에게 적당한 사이즈를 구입하는 것이 좋습니다. 1인용부터 12인용 등 다양한 사이즈가 있답니다. 모카포트용 원두는 강배전한 원두를 주로 사용하고 에스프레소 입자보다 조금 굵게 분쇄하여 추출하는데요. 카페에 가지 않고도 에스프레소처럼 진한 커피를 마실 수 있는 가장 좋은 커피 추출 도구입니다.

**준비해 두세요(2인분)**

모카포트, 계량스푼, 온도계, 원두가루 20g, 온수 400~450ml

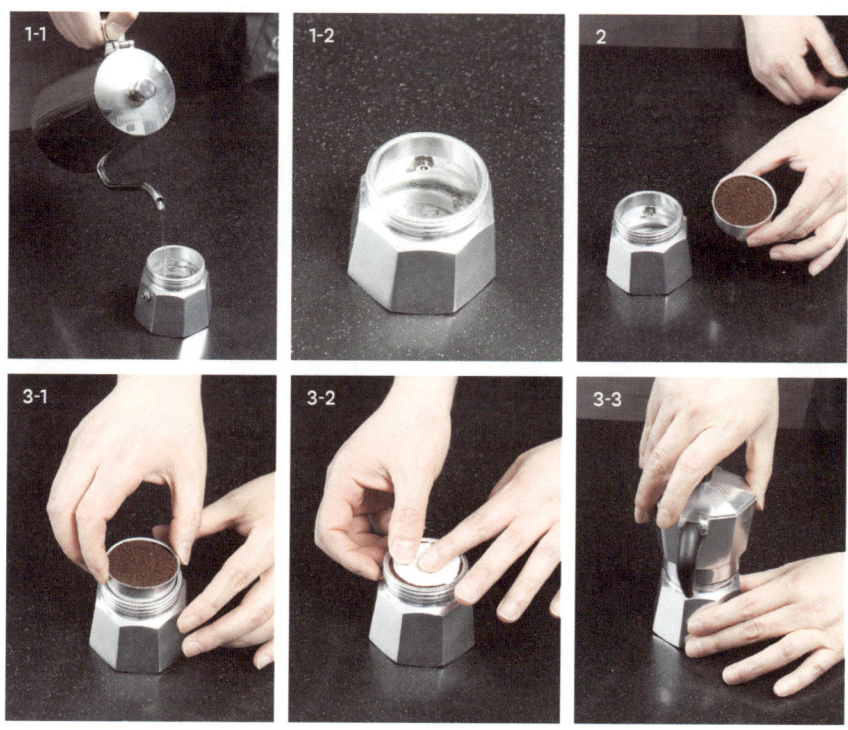

1. 보일러에 압력 추 높이를 넘지 않도록 물을 붓습니다. 뜨거운 물을 사용하면 빨리 추출할 수 있지만 상하 포트를 결합할 때 뜨거워서 제대로 결합이 안 될 수도 있으니, 찬물을 사용하세요.
2. 바스켓에 원두가루를 담고 스푼이나 손으로 살짝 눌러서 평평하게 다집니다.
3. 상하 포트를 결합합니다. 바스켓 상단에 필터를 끼워 주면 원두가루가 포함되지 않은 깔끔한 커피를 즐길 수 있습니다.

4   중불로 가열하다가 '삑' 소리와 함께 커피가 올라옵니다.
5   커피가 옅어지며 기포가 나기 시작하면 불을 끕니다.
6   잠시 기다린 후 예열한 커피 잔에 따라 마시면 됩니다.

---

### 주의사항

가스레인지에 올릴 때 기울어져 넘어갈 염려가 있으므로, 철로 된 넓적한 받침대를 놓고 그 위에 모카포트를 올려 커피를 추출하는 것이 안전합니다.

## 주사기의 원리를 이용한
## 에어로프레스(Aero Press)

미국의 에어로비Aerobie사는 1984년부터 스포츠 플라스틱 원반 등을 만드는 장난감 회사입니다. 에어로프레스는 2005년에 커피와 전혀 상관이 없는 이 회사의 사장 알랜 아들러Alan Adler가 발명했는데요. 공기압 프레스 방식과 특수 마이크로필터 드립 방식을 결합한 것으로, 깊고 풍부하며 깔끔한 맛의 커피를 추출할 수 있습니다. 무엇보다 빠르고 손쉽게 추출할 수 있다는 것이 장점이지요. 에어로프레스는 커피 분쇄의 굵기, 원두의 양, 플런저를 누르는 압력 등의 여러 가지 요소를 조절할 수 있기 때문에 다양한 맛의 커피를 추출할 수 있습니다. 간편한 추출과 다양한 맛의 표현으로 유명세를 타며 2008년부터 월드에어로프레스 챔피언쉽WAC이라는 대회도 개최되고 있습니다.

**준비해 두세요(2인분)**

에어로프레스, 전용필터, 계량스푼, 온도계, 원두가루 20g, 온수 400~450ml

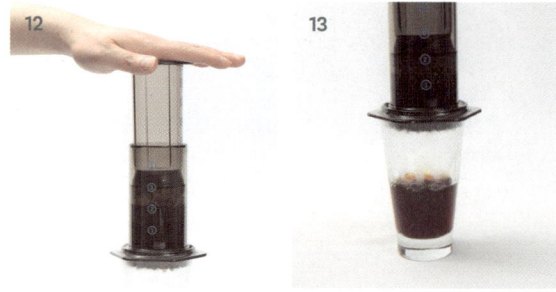

1. 기구를 분리해 보면 플런저, 체임버, 캡, 깔때기, 스패출러, 스쿱, 필터로 나뉩니다.
2. 캡에 필터를 끼우세요.
3. 뜨거운 물을 살짝 부어 필터의 잡내를 제거합니다.
4. 고무씰을 끼운 체임버를 플런저 위에 끼워 둡니다. 고무씰을 끼우지 않으면 내용물이 샐 수 있으니 주의하세요.
5. 분쇄된 원두를 깔때기를 이용해 체임버에 담습니다.
6. 뜸을 들이기 위해 물 50ml 정도를 골고루 부으세요.
7. 스패출러나 스틱으로 5~6회 젓습니다.
8. 가는 물줄기로 150ml 정도의 물을 천천히 붓습니다.
9. 물을 다 부은 후 스패출러로 한 번 더 젓습니다.
10. 체임버에 캡을 끼운 후 5~10초 정도 기다립니다.
11. 튼튼하고 두꺼운 컵으로 캡을 덮은 후 프레스를 거꾸로 뒤집어 줍니다.
12. 손바닥 전체를 이용해 골고루 압력을 가한다는 느낌으로 플런저를 눌러 줍니다. 이때 받침으로 사용하는 컵이 약하면 엎어지는 사고가 날 수 있으니 주의하세요.
13. 추출된 커피는 미분이 없어서 부드럽고 깔끔한 맛이 특징입니다. 이 기구를 개발한 알랜 아들러 사장이 쓴맛의 에스프레소 커피를 싫어했는지 개발 초기부터 에스프레소보다 쓴맛이 덜한 커피를 만들려고 했습니다. 그래서 에어로프레스로 내린 커피는 카페인이 적고 쓴맛이 부드러운 편입니다.

---

### 주의사항

플런저를 누를 때 압력이 있으므로 깨지기 쉬운 유리컵이나 서버 대신 머그컵을 사용하면 좋습니다.

**CHECK POINT**

**효율적인 에어로프레스 사용 방법**
**원두 입자는 모카포트보다는 조금 굵게, 핸드드립 커피보다는 조금 가늘게**
원두가루가 너무 가늘면 표면적이 넓어지면서 플렌저를 누르는 데 힘이 더 들고 압력이 높아져서 에스프레소와 같은 강렬한 커피가 추출됩니다. 반대로 원두 입자가 너무 굵으면 압력이 낮아져 과소추출되면서 텁텁하고 향미가 낮은 커피가 추출될 수 있습니다. 맛소금 정도의 굵기로 갈아서 사용하면 적당합니다.

**체임버와 플런저는 거꾸로 놓으세요**
체임버와 플런저를 바로 세우면 위치 에너지로 인해 물을 붓는 순간 커피가 아래로 샐 수 있습니다. 체임버와 플런저는 꼭 거꾸로 놓고 추출해야 좋은 맛과 향을 가진 커피를 추출할 수 있어요.

**에어로프레스를 세척하려면**
도구를 다 사용한 후에는 캡을 벗기고 찌꺼기를 털어 냅니다. 플런저의 고무씰은 흐르는 물에만 씻어도 되지만, 세제를 사용해서 씻을 경우 세제 찌꺼기를 완전하게 제거해야 합니다. 또한, 고무씰을 오랫동안 뜨거운 물에 담가두면 형태가 변할 수 있으므로 주의하세요.

# 쉽지 않은 생김새의
# 사이폰(Syphon)

사이폰은 1840년 스코틀랜드의 로버트 네이피어Robert Napier에 의해 개발된 진공 여과식 추출 도구입니다. 이후 1842년 프랑스의 바슈M. Vassieux 부인에 의해 두 개의 유리 구를 상하로 연결하는 오늘날의 사이폰 형태의 기구가 만들어졌어요. 그러다 일본의 고노사에서 진공식 추출 도구인 베큠 브루어 Vacuum Brewer를 사이폰이라는 명칭으로 상품화하면서 널리 알려졌죠.

사이폰은 증기 압력과 진공 흡입 원리를 이용한 기구로, 유리로 만들어진 상부 로드와 하부 플라스크로 구성되어 있습니다. 상부 로드에는 여과 필터가 장착되어 있는데 종이필터와 융 필터 모두 사용할 수 있고요. 하부 플라스크의 물을 끓일 때는 알코올 램프, 할로겐 램프, 가스 등을 사용해요. 원두는 보통 중강배전 이상을 사용하고, 핸드드립보다 약간 가늘게 분쇄해야 좋아요.

마치 실험 기구처럼 보여 선뜻 사용하기 쉽지 않지요? 그러나 사용 방법을 잘 익히면 보는 사람들을 즐겁게 하고 깔끔하고 부드러운 커피를 추출할 수 있답니다.

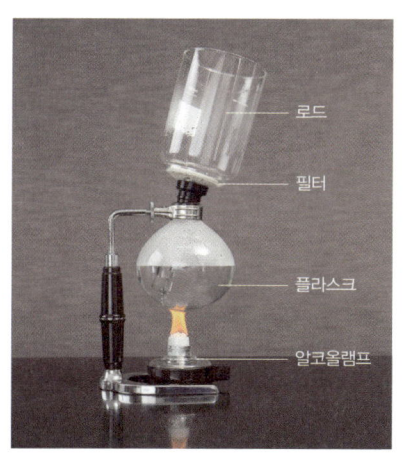

**주의사항**

유리에 직접 불이 닿아 뜨거우니 항상 조심하세요.

**준비해 두세요(2인분)**

사이폰, 버너, 알코올, 계량스푼, 원두가루 20g, 온수 400~450ml

1   알코올램프를 분해해 알코올을 채웁니다. 약국에서 파는 에탄올을 사용하면 편리합니다.
2   로드에 필터를 넣어 끼우세요.
3   필터에 달린 체인을 잡아당겨 클립을 로드 끝에 끼웁니다.
4   나무스틱으로 필터를 눌러서 위치를 잘 잡아줍니다. 필터가 제대로 장착되지 않으면 필터가 빠져서 커피가루가 플라스크로 내려갈 수 있습니다.

5   융 필터에 벤 잡향을 제거하기 위해 뜨거운 물을 부어 헹굽니다. 헹구고 난 물은 버리세요.

6   플라스크에 커피를 추출할 물을 부으세요. 알코올램프의 화력이 강하지 않기 때문에 뜨거운 물을 부어 추출 시간을 줄이는 것이 좋습니다. 물은 플라스크 옆면에 표시된 선까지 채우세요.

7   로드를 플라스크에 비스듬히 걸쳐서 장착해 줍니다. 알코올램프에 불을 붙여 플라스크 아래에 놓고 가열합니다.

8   물이 끓기 시작하면 로드를 똑바로 세워 물이 위로 올라올 수 있도록 해줍니다. 물이 올라오면서 필터가 밀려 올라오지 않도록 나무스틱으로 눌러서 위치를 고정합니다.

9   물이 모두 올라오면 로드에 원두가루 20g을 담아 줍니다. 원두가루를 로드에 먼저 담아 놓고 추출해도 상관없으나 이 경우 원두가루가 물에 오래 접촉해 과다추출이 될 가능성이 큽니다. 깔끔한 맛을 원한다면 물이 올라온 다음 원두가루를 넣으세요.

10  나무스틱을 이용에 3~4회 빠르게 젓습니다. 사이폰 추출 과정에서 나무스틱을 사용하는 이유는 로드나 플라스크가 유리로 되어 있으므로 파손을 방지하기 위함입니다. 스틱으로 저을 때는 로드의 벽이나 필터에 스틱이 닿지 않도록 하세요. 로드의 커피를 저은 후 20초 정도 그대로 둡니다.

11  20초 후 알코올램프를 빼서 불을 끕니다.
12  스틱을 이용해 로드 안에 있는 커피를 5~6회 젓습니다.
13  상단의 로드에 있는 커피가 전부 플라스크로 내려갈 때까지 기다립니다.
14  커피 추출이 완료되면 로드와 플라스크를 분리합니다.
15  플라스크에 든 커피를 잔에 담습니다. 추출된 커피는 무척 뜨거운 상태이므로 살짝 식혀서 마시는 것이 좋습니다. 사이폰으로 추출한 커피는 식어 가면서 다양한 맛이 느껴지는 특성이 있으므로 마지막까지 맛을 음미해 보세요.

### CHECK POINT

**사이폰으로 카페오레 만들기**

사이폰 플라스크에 물 대신 우유를 넣고 끓이다가 로드에 우유가 올라올 때 원두가루를 넣고 추출하면 고소한 카페오레가 만들어집니다. 카페오레에 설탕 대신 꿀을 넣어 마시면 아침 식사 대용으로 좋고 건강에도 좋은 음료로 즐길 수 있습니다.

# 초간단
# 에스프레소 캡슐커피

농기구 발명가의 아들로 태어난 에릭 파브레Eric Favere는 1975년 스위스 네슬레사의 패킹 부서에 근무하게 됩니다. 커피에 대해 차츰 알아 가면서 인스턴트가 아닌 최고의 이탈리아식 에스프레소를 누구나 쉽게 즐길 수 있게 만들고 싶다는 포부를 가지게 되었습니다. 최고의 에스프레소를 찾기 위해 당시 이탈리아에서 가장 유명한 바리스타인 유제뇨Eugenio를 찾아간 그는 아주 중요한 사실을 배우게 됩니다. "에스프레소는 공기와 물과 커피오일의 혼합체이다. 커피를 추출하기 전에 물속에 최대한 공기를 많이 담는 것이 중요하다." 그리고 스위스의 집으로 돌아와 1976년에 최초의 캡슐을 만들었죠.

현재 대표적인 캡슐커피 브랜드로는 네스프레소, 돌체 구스토(네슬레의 서브 브랜드), 일리, 커피빈, 라바짜, 이탈리아의 브랜드인 카피탈리 등이 있습니다. 캡슐커피는 원두 분쇄, 탬퍼링 등과 같은 복잡한 절차 없이 간편하게 에스프레소를 뽑아낼 수 있다는 장점이 있습니다.

**주의사항**

브랜드별로 각 회사에서 만든 캡슐만 사용할 수 있습니다. 타사의 캡슐은 사이즈가 맞지 않아 사용할 수 없으니, 사기 전에 잘 알아보는 것이 좋습니다.

준비해 두세요(2인분)

캡슐커피 머신, 커피 캡슐, 냉수 500ml

1. 물탱크에 물을 채워 주세요. 생수보다는 정수된 물이 좋습니다.
2. 전원 버튼(온수가열)을 누르세요.
3. 캡슐홀더를 열고 원하는 맛의 커피 캡슐을 넣습니다.
4. 머신의 온수/냉수 레버를 온수로 전환해야 물이 가열됩니다.
5. 음료를 담을 컵을 놓고 추출 레버를 누릅니다.
6. 머신에 물이 가열되면 추출이 시작됩니다.
7. 추출이 완료되면 온수/냉수 레버를 냉수 방향으로 전환하세요.

> **CHECK POINT**
>
> **캡슐커피로 다양한 메뉴 만들기**
>
> 캡슐커피는 보통 30ml 기준으로 추출량이 맞춰져 있습니다. 이 커피 원액 30ml에 뜨거운 물 200ml 정도를 섞어 주면 아메리카노가 됩니다. 또한, 커피 원액에 데운 우유 200ml 정도를 섞어 주면 카페라테가 되는데요. 바닐라, 캐러멜, 초콜릿, 헤이즐럿 시럽 등을 입맛에 따라 10~20ml 정도 섞으면 단맛이 나는 카페라테 메뉴가 됩니다. 요즘은 가정에서 사용하기 편하게 시럽도 작은 용량으로 출시되고 있습니다. 시럽을 활용해서 다양한 커피 맛을 즐겨 보세요.

# 휴대용 에스프레소 머신, 핸드프레소

핸드프레소는 2008년 프랑스 핸드프레소Handpresso사에서 개발했습니다. 심플하면서 휴대하기 간편한 핸드프레소는 전기나 기타 가스충전 없이 신선한 커피와 뜨거운 물만 있으면 어디서나 맛있는 커피를 즐길 수 있습니다. 핸드프레소는 16bar의 압력으로 추출하는 강력한 에스프레소 머신인데요. 펌핑한 원두가 물을 밀어낼 때 걸리는 압력은 업소용 머신인 9bar와 거의 차이가 없기 때문에 업소용 수준으로 에스프레소를 즐길 수 있죠. 또한 핸드프레소에 파드커피(티백에 원두를 넣은 것)를 끼워 추출할 수도 있습니다. 파드커피는 하드파드로 45mm 파드를 사용해야 합니다. 분쇄된 원두를 직접 넣어 사용할 때는 원두를 에스프레소용으로 곱게 분쇄하세요.

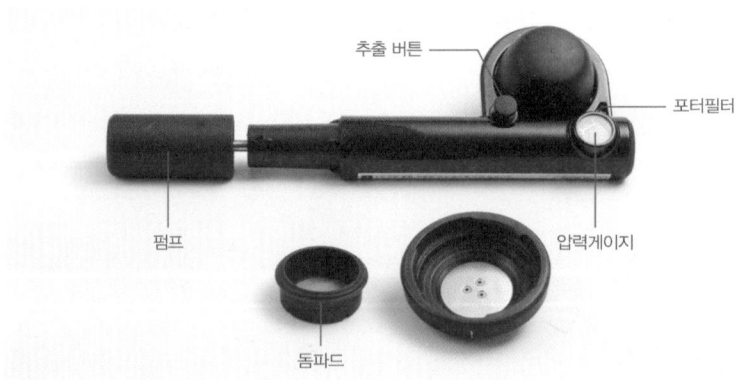

### 주의사항

파드커피를 사용할 때는 핸드프레소의 규격에 맞는 45mm 하드파드를 사용해야 합니다. 주문할 때 ESE pod / hard pod / 45mm pod가 표시된 파드를 구입하면 됩니다. 원두를 직접 넣어 추출할 때 원두의 입자가 너무 굵으면 빨리 추출되어 제맛이 나지 않습니다. 그러므로 꼭 에스프레소용 분쇄로 가늘게 간 원두를 사용하세요.

**준비해 두세요(2인분)**

핸드프레소, 원두가루 10g 또는 파드 1개, 온수 100ml

1. 포터필터 부분을 열림쪽으로 돌려 분해합니다.
2. 에스프레소용으로 분쇄된 원두가루를 돔파드에 채우세요.
3. 원두가루를 채운 후 살짝 다지세요. 크레마가 조금 더 풍부해집니다.
4. 끓는 물을 물탱크에 붓습니다. 안쪽 표시선까지 부으면 됩니다.
5. 원두가루가 담긴 돔파드를 물탱크 거치대에 장착합니다.
6. 포터필터를 장착해 잠금쪽으로 돌려 주세요.

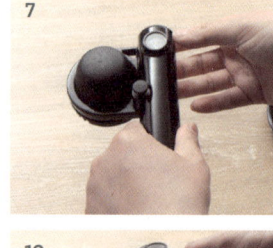

7  압력게이지가 보이도록 핸드프레소 본체를 뒤집으세요.
8  펌프 손잡이를 잡고 펌프질을 합니다.
9  압력게이지가 녹색 선에 도달하면 펌프질을 멈추세요.
10 잔을 놓고 추출 버튼을 눌러 추출하세요.

CHECK POINT

**핸드프레소 커피도 에스프레소처럼 강해요**

핸드프레소로 추출된 커피도 에스프레소만큼 강렬합니다. 최대 16bar 정도의 압력으로 추출하기 때문이죠. 이렇게 추출된 커피는 물 200ml 정도를 혼합해 아메리카노로 즐기거나, 우유 200ml 정도를 혼합해 라테로 즐겨도 됩니다.

# 카페 부럽지 않은
# 가정용 에스프레소 머신

이탈리아의 산타이스Edourard Loysel de Santais에 의해 1884년 최초로 개발된 에스프레소 머신은 1901년 루이지 베제라Luigi Bezzera가 Tipo Giante라는 증기가압식 에스프레소 머신을 개발하면서부터 본격적인 역사가 시작됩니다. 직원들의 휴식시간을 위해 추출 시간을 줄이려고 개발한 이 머신은 추출 시간을 30초 내로 앞당겼습니다. 하지만 더 큰 효과는 단시간 가압추출로 인해 커피 맛이 더 다양해지고 풍부해진 것이죠. Espresso의 어원이 Express(빠르다)에서 유래된 것도 이 시기부터입니다. 지금은 가정에서도 에스프레소의 풍미를 즐길 수 있도록 여러 회사에서 다양한 가정용 에스프레소 머신을 출시하고 있습니다.

### 주의사항

가정용 에스프레소 머신은 업소용 에스프레소 머신에 비해 추출 압력이 약한 경우가 많습니다. 분쇄된 원두를 채우고 다지는 행위인 탬핑을 너무 세게 하면 추출이 안 되는 경우가 종종 있으니, 살짝만 다져 주세요.

## 준비해 두세요(2인분)

에스프레소 머신, 원두가루 10g, 우유 1병, 냉수 500ml

1 물탱크에 정수된 물을 채웁니다.
2 기기의 전원을 연결하고 전원 버튼을 누르세요.
3 포터필터를 분해해 에스프레소용으로 분쇄된 원두를 채웁니다.
4 포터필터 가장자리까지 원두가 골고루 차게 한 다음 평평하게 깎으세요. 이때 탬퍼로 살짝 다집니다. 너무 세게 다지면 추출이 안 될 수도 있으니 주의하세요.
5 포터필터를 머신의 헤드 부분에 장착하세요.
6 장착이 완료되면 컵을 받치고 추출버튼을 누르세요.
7 추출이 완료될 때까지 기다립니다.
8 추출이 끝나면 포터필터를 다시 분해하고 잠금 버튼을 채운 후 필터 안에 든 커피 케이크를 털어 냅니다.
9 스팀기를 사용할 경우 스팀 완드를 잡아당겨 세웁니다.
10 스팀피쳐에 우유를 넣고 스팀완드를 담급니다.
11 스팀 조절 다이얼을 돌려 스팀의 강도를 조절합니다.
12 거친 거품보다는 고운 거품을 만들어야 음료가 맛있습니다.
13 추출된 에스프레소를 카푸치노 또는 라테 잔에 부으세요.
14 데운 우유를 잔에 붓습니다.
15 기호에 따라 시럽을 넣으면 단맛이 나는 메뉴를 만들 수 있습니다.

**BOILING METHOD**

보일링
방식

보일링 방식은 커피원두를 넣고 끓이는 방식을 말합니다. 원두를 직접 끓이기 때문에 묵직한 맛이 좋고, 야외 활동에 좋은 도구입니다. 그러나 도구에 따라 원두가루가 딸려와 같이 마실 수 있다는 단점도 있습니다.

# 커피 추출의 원조
# 이브릭(Ibrik)

튀르키예식 커피를 만들 때 사용하는 도구로, 가장 오래된 추출 기구입니다. 동유럽과 중동에서는 지금도 이브릭으로 커피를 끓여 마시고 있어요.
에스프레소 커피보다 더 곱게 간 원두가루를 끓여서 마시기 때문에 입에 찌꺼기가 남아 텁텁할 수 있습니다. 분쇄된 원두가루에 물을 넣고 함께 끓여 마시기 때문에 강한 바디감을 느낄 수 있지만, 향이 약하다는 단점이 있습니다. 이브릭으로 커피를 추출할 때는 원두를 가장 가늘게 분쇄해야 끓일 때 거품이 사라지고 찌꺼기가 빨리 가라앉습니다. 끓인 후에는 2분 정도 두었다가 찌꺼기를 가라앉혀서 마시면 독특한 맛을 그대로 느낄 수 있습니다.

### 주의사항

직접 불에 가열하기 때문에 화상에 주의해야 합니다. 또한 끓이는 도중 커피가 넘칠 수 있으니 주의하세요.

**준비해 두세요(2인분)**

이브릭, 원두가루 10g, 버너, 스틱(또는 스푼), 냉수 200ml

1. 이브릭, 밀가루와 비슷한 굵기로 분쇄된 원두가루 10g, 물 120ml을 준비합니다. 가스레인지에 물을 담은 이브릭을 올리고 물을 끓입니다.
2. 물이 끓어 오르면 원두가루를 넣으세요.
3. 가스레인지의 불을 약하게 줄이고 스틱이나 스푼으로 잘 젓습니다.
4. 거품이 올라오면 이브릭을 위로 올려 거품을 가라앉히고 이 과정을 세 번 정도 반복합니다.
5. 다 끓인 커피는 불을 끄고 잠시 그대로 두어 커피찌꺼기를 가라앉혀 줍니다.
6. 곱게 갈린 원두가루가 가라앉으면 컵에 따라 마시세요.

---

**CHECK POINT**

**이브릭 커피를 깔끔하게 즐기는 방법**

이브릭이나 체즈베로 내린 튀르키예식 커피는 아주 미세하게 간 커피가루를 넣고 끓여서 바로 마시면 찌꺼기가 포함된 음료를 마시게 됩니다. 이로 인해 텁텁한 커피 맛이 나는데요. 깔끔한 튀르키예식 커피를 즐기고 싶다면 이브릭으로 끓인 커피를 종이필터가 장착된 핸드드립 드리퍼에 부어 걸러 마시면 됩니다. 또한 단 커피를 만들고 싶다면 끓는 물에 원두가루와 설탕 10g을 같이 넣어서 끓여도 좋아요.

# 숭늉처럼 구수한 맛을 표현해 내는
# 퍼컬레이터(Percolator)

퍼컬레이터는 미국 서부 개척 시대부터 사용되던 오래된 커피 추출 도구입니다. 대류를 막는 추출 유닛과 불에 직접 닿는 용기(혹은 전기로 가열되는 포트)로 구성되어 있습니다. 분쇄된 원두를 담는 통은 유닛의 상단부나 중간에 붙어 있어 원두가루가 물과 직접 접촉하지는 않아요. 용기에 직접 열을 가해서 물이 끓으면 대류의 힘에 의해 추출 유닛관 사이로 물이 역류해 원두를 통과하고 다시 용기 아래로 내려가는데요. 추출액이 다시 순환하여 계속 원두를 지나쳐 추출을 반복합니다. 순환하는 추출의 농도가 용기에 담겨 있는 커피의 농도와 같아지면 더 이상 추출이 진행되지 않아요.

일정 수준 이상으로 커피 농도를 짙게 만들 수 없다는 단점이 있지만 부드럽고 구수한 커피가 추출되죠. 또한 뚜껑 위의 유리를 통해 커피 농도를 확인할 수 있고 포트를 불에서 내려놓으면 추출이 멈춰지므로 누구나 쉽게 커피를 추출할 수 있습니다. 캠핑할 때 운치 있고 부담없이 커피를 추출하기에 좋은 도구입니다.

**주의사항**

용기에 물을 채울 때 양이 너무 적으면 물이 유닛관으로 빨려 올라가지 않으므로 절반 이상의 물을 넣어 주세요.

**준비해 두세요(2인분)**

퍼컬레이터, 원두가루 20g, 버너, 냉수 300~400ml

1. 용기에 절반 이상의 물을 채워 줍니다. 아무리 추출량이 적어도 용기에 1/3 이상의 물을 채워야 합니다.
2. 추출 유닛관 위 바스켓에 원두가루 20g을 채웁니다.
3. 바스켓의 뚜껑을 닫아 줍니다.
4. 물이 들어 있는 용기에 유닛관을 결합합니다.
5. 가스레인지 위에 퍼컬레이터를 올리고 가열합니다. 이때 불이 용기 위로 너무 올라오지 않도록 화력을 조절합니다. 손잡이가 너무 가열되면 화상의 위험이 있습니다.
6. 물이 끓기 시작하면 유닛관을 통해 물방울이 위로 튀어 오르면서 바스켓 안에 든 원두에 물이 스며들고 이 작업이 반복되면서 커피가 추출되기 시작합니다.
7. 추출이 진행되는 도중에는 뚜껑을 닫고 기다리세요.
8. 추출이 완료되면 컵에 따라 마시면 됩니다. 이때 손잡이가 뜨거울 수 있으니 주의하세요.

# 독특하게 생긴
# 나폴리타나

이탈리아의 나폴리식 드립커피 브랜드인데요. ILSA라는 회사에서 만들어 세계적으로 많이 알려졌지만, 우리나라에는 아직 생소한 도구입니다. 긴 주전자처럼 생긴 나폴리타나는 스토브를 이용하여 보일러에 담긴 물을 직접 끓이는 부분이 모카포트와 같아요. 하지만 모카포트는 '기압'을 이용하여 커피를 추출하고, 나폴리타나는 '필터' 방식으로 커피를 추출한다는 차이가 있죠.

나폴리타나에 사용할 커피 분쇄도는 에스프레소보다는 굵은 모카포트용 정도의 굵기면 됩니다. 추출된 커피는 에스프레소보다는 연하고 드립커피보다는 진한 맛입니다.

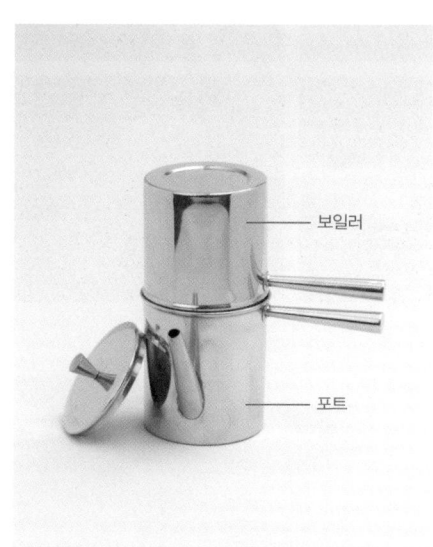

보일러

포트

### 주의사항

추출이 끝나기까지 5~6분 정도 걸리는데 완전히 추출되기 전에 통을 열면 고유의 향이 날아갈 수 있으므로 주의해야 합니다. 또한 커피가 다 추출되고 잔에 따르기 전에 잠시 기다리는 것이 좋습니다. 가라앉아 있던 커피가루까지 따라 나올 수 있기 때문이죠.

**준비해 두세요(2인분)**

나폴리타나, 원두가루 20g, 버너, 냉수 300ml

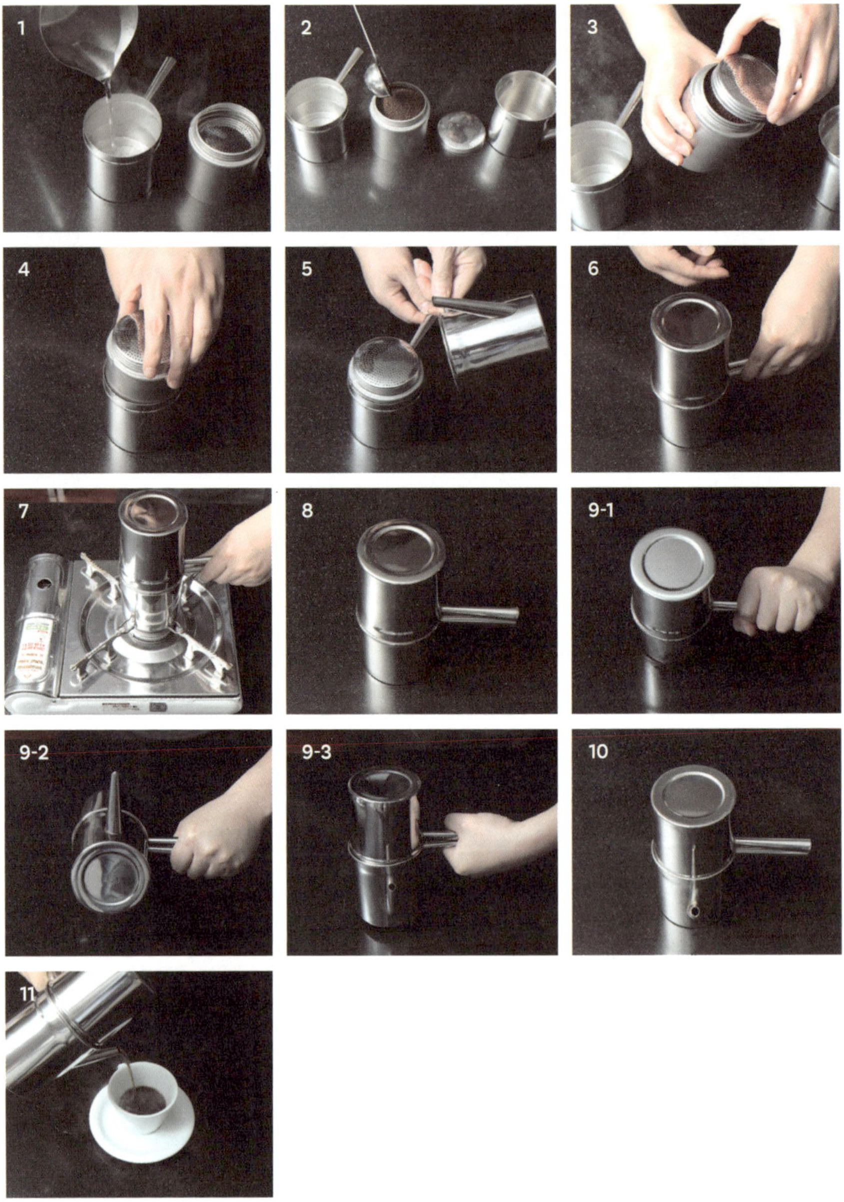

1 보일러에 물을 담으세요. 자세히 보면 옆면에 작은 구멍이 보입니다. 구멍 아래까지 물을 담으세요.
2 별도의 필터가 필요 없습니다. 분쇄된 원두를 여러 개의 작은 구멍이 뚫린 필터 뚜껑을 열어 그 사이에 분쇄된 원두를 넣고 잘 다지세요.
3 필터의 뚜껑을 닫습니다.
4 물을 담았던 보일러에 커피가 담긴 용기를 쏙! 넣어 주세요.
5 주전자 모양의 주둥이가 있는 포트를 **4** 위에 덮으세요. 주전자를 거꾸로 엎어 놓은 모양이에요.
6 포트와 보일러의 손잡이를 같은 방향으로 맞춥니다.
7 가스레인지 위에 올려놓고 끓이세요.
8 옆면에 있는 작은 구멍에서 픽픽 소리가 나고 김이 나면 보일러 속 물이 다 끓었다는 신호입니다. 불을 끄고 포트를 내려놓으세요.
9 불에서 내린 후 포트를 **9-2**, **9-3** 사진처럼 제 모습으로 뒤집으세요.
10 끓은 보일러 속 물이 내려와 커피를 통과하면서 추출되기 시작해요.
11 추출이 완료될 때까지 5~6분 정도 기다린 후 커피를 잔에 따르세요.

PART

# 03

# 어렵지 않게
# 직접 커피 볶기

전문 기기가 없더라도 직접 커피를 볶을 때 사용할 수 있는 도구는 다양합니다. 프라이팬, 수망, 도자기솥 등이 있죠. 어떤 도구를 사용하든지 투입되는 생두의 양, 화력, 교반 정도에 따라서 로스팅 시간과 결과물이 달라집니다. 따라서 다양한 경험을 통해 커피를 배워가는 것도 좋은 방법입니다. 어떤 콩을 볶든 콩이 익어가는 과정에 집중하세요. "로스팅은 커피콩의 안과 밖을 골고루 잘 익혀야 좋은 맛과 향이 난다"는 한 가지 원칙만 잘 기억하면 됩니다.

**SELECTION**

## 생두의 선택과
## 결점두 골라내기

커피는 농작물의 한 종류이므로 수확 후 시간이 지날수록 신선도가 떨어지고 커피 고유의 맛과 향이 변하게 됩니다. 생두를 일부러 숙성시켜 사용하는 에이징 커피와 같은 특별한 목적을 제외하고는, 커피 본래의 맛과 향을 즐기기 위해 생산된 지 1년 이내의 뉴 크롭 생두를 사용하는 것이 좋습니다.

## 생두의 기간별 분류

**뉴 크롭(New Crop) : 그 해 수확한 생두**

뉴 크롭은 커피의 풍미를 형성하는 당질이나 클로로겐산 등이 많이 함유되어 있어 더 풍성하고 신선한 맛과 향을 느낄 수 있습니다. 뉴 크롭이라고 부르는 생두는 보통 생산된 지 만 1년이 채 되지 않은 생두를 말합니다.

**패스트 크롭(Past Crop) : 전년도에 수확한 생두**

보관 상태에 따라 품질이 많이 달라지는데 대부분의 패스트 크롭에서는 화학적 변화가 일어나기 시작해요. 산미가 사라지고 좋은 향미도 희미해져 맛이 떨어지게 됩니다.

**올드 크롭(Old Crop) : 수확 후 2년 이상 지난 생두**

이 생두는 풀을 말린 것처럼 건초나 볏짚 냄새가 나고 산미가 거의 없습니다. 한 때 올드 크롭을 선호하던 때도 있었으나 각 산지의 커피 본래의 맛과 향을 찾는 사람들이 늘어 지금은 신선한 생두를 더 선호합니다.

좌측부터 올드 크롭, 패스트 크롭, 뉴 크롭

## 생두의 평가 기준

좋은 생두는 깨지거나 속이 빈 것처럼 결함 있는 생두가 없어야 합니다. 색이나 수분 수치, 밀도, 크기도 일정 수준 이상이 되어야 합니다. 워시드 방식으로 정제된 신선한 생두는 짙은 청록색을 띠는데요. 유통과 저장으로 인해 시간이 지남에 따라 점차 옅은 녹색, 노란색으로 변해가죠.

또한 고지대에서 생산된 생두일수록 밀도가 높아서 좋은 등급을 받습니다.

보통 신선한 아라비카 생두의 수분 함유량은 12~13% 정도입니다. 밀도는 높고, 생두 사이즈가 클수록 좋은 커피로 취급됩니다.

> **CHECK POINT**
>
> **아라비카종이란?**
> 커피의 품종은 크게 아라비카종과 카네포라종(로부스타)으로 나뉩니다. 고지대에서 재배되는 아라비카종은 산미와 풍미가 좋아 우리가 즐겨 마시는 드립커피에 적당합니다. 흔히 로부스타라고 불리는 카네포라종은 인스턴트커피나 블렌딩용으로 많이 사용합니다.

아라비카종

로부스타종

# 결점두 골라내기

결점두란 생두 중에 결함이 있는 콩을 말합니다. 정상적으로 발육하지 못했거나 정제 과정에서 오염되는 등 발생 원인은 매우 다양해요. 결점두가 많이 섞여 있으면 구역질이 날 정도로 커피의 향미에 나쁜 영향을 줍니다. 그래서 로스팅 전후에 핸드픽을 해서 결점두를 골라내야 좋은 품질의 커피를 맛볼 수 있습니다.

미국 스페셜티 커피 협회에서 정한 결점두의 종류를 정리해 보면 다음과 같습니다.

| 종류 | 특성 | 발생 원인과 결과 |
|---|---|---|
| Black bean | 내부나 외부 표면이 50% 이상 검은색이고, 센터컷이 벌어져 있으며 보트(Boat) 형태 | **원인**<br>생두가 너무 늦게 수확되거나 흙과 접촉하여 발효된 경우<br>**결과**<br>• 로스팅이 느려지며 2차 팝핑이 안 일어남<br>• 향미와 산도가 완전히 손실되며 나쁜 향이 두드러짐 |
| Sour bean | 노르스름하거나 어두운 적갈색을 띠며 식초 냄새가 남 | **원인**<br>• 너무 익은 체리나 땅에 떨어진 체리의 수확<br>• 가공 과정에서 오염된 물 사용<br>• 나무에 매달린 채 발효된 콩<br>**결과**<br>• 로스팅이 균일하지 못함<br>• 향미의 손상이 크고 신맛과 아세트향이 강함 |
| Dried cherry / Pod | 일부 혹은 전부가 마른 껍질에 감싸진 콩 | **원인**<br>• 습식가공 : 잘못된 펄핑 과정<br>• 건식가공 : 잘못된 탈곡이나 분류, 열매가 작을 경우 발생<br>**결과**<br>• 로스팅 중 발화 위험<br>• 향미나 산도가 약간 감소 |

| 종류 | 특성 | 발생 원인과 결과 |
|---|---|---|
| Immature/ Unripe | 곰팡이에 의해 노란 색이나 적갈색을 띰 | **원인**<br>온도와 습도 조절의 실패<br>**결과**<br>향미와 산도가 완전히 소실되고 곰팡이 냄새가 남 |
| Withered bean | 해충에 의해 구멍이 한 개나 여러 개 뚫린 콩 | **원인**<br>해충의 공격으로 발생<br>**결과**<br>• 정상 콩보다 강한 로스팅이 일어남<br>• 나쁜 향이 강하고 향미와 산도가 떨어짐 |
| Shell | 돌이나 나뭇가지 등 커피 이외의 이물질 | **원인**<br>수확이나 선별 과정에서 제대로 제거하지 못한 경우<br>**결과**<br>• 나뭇가지는 발화 위험<br>• 돌은 그라인더 날의 손상 |
| Hull/Husk | 건조된 파치먼트가 완전히 혹은 부분적으로 감싸고 있는 콩 | **원인**<br>습식 커피에서 주로 발생하며 불완전한 탈곡으로 인해 발생<br>**결과**<br>• 로스팅 중 발화 위험<br>• 향미와 산도가 감소 |
| Broken/ Chipped/ Cut | 하얗거나 색이 바랜 콩으로 물에 뜸 | **원인**<br>적절하지 않은 보관이나 건조로 발생<br>**결과**<br>• 로스팅이 제대로 진행되지 않아 내부가 덜 익음<br>• 향미와 산도가 감소하고 나무 냄새가 남 |

| 종류 | 특성 | 발생 원인과 결과 |
|---|---|---|
| Immature/ Unripe | 은피가 단단하게 붙어 있으며 작은 보트형이고 주름이 많음 | **원인**<br>덜 익은 열매를 수확했을 경우 발생<br>**결과**<br>• 느리고 불균형한 로스팅<br>• 쓴맛이 증가되고 곰팡이 냄새가 남 |
| Sour bean | 가볍고 주름이 많은 콩 | **원인**<br>발육 기간 동안 수분이 부족한 경우 발생<br>**결과**<br>향미와 산도가 약간 떨어짐 |
| Dried cherry / Pod | 얇은 껍질을 가진 조개나 귀 모양의 기형적인 콩 | **원인**<br>유전적 원인<br>**결과**<br>• 로스팅 중 부서지거나 모서리가 그을릴 수 있음<br>• 탄맛이 나고 향미가 약함 |
| Sour bean | 짙은 색을 띈 마른 펄프 조각 | **원인**<br>건식 커피의 잘못된 탈곡이나 선별 과정 중 발생<br>**결과**<br>• 로스팅 중 타버림<br>• 향미가 저하되고 나쁜 냄새가 약간 남 |
| Dried cherry / Pod | 깨진 콩이나 콩 조각 | **원인**<br>펄핑 과정과 잘못된 탈곡 과정에서 발생<br>**결과**<br>고르지 않은 로스팅 |

**FRIED COFFEE AT HOME**

# 집에서
# 커피 볶기

## 채망 로스팅

최근에는 커피에 대한 관심이 증가해 가정에서 직접 로스팅을 하여 커피를 즐기는 사람들이 늘고 있습니다. 홈로스팅의 장점은 필요한 양만큼 로스팅을 하여 항상 신선한 커피를 마실 수 있다는 겁니다. 또한 생두의 가격이 볶은 원두보다 훨씬 저렴한 것도 장점이죠. 본인이 원하는 로스팅 단계에 맞춰 조금 더 진한 맛을 내거나 가벼운 맛을 내는 등 어느 정도 맛 조절도 가능하답니다.
일반적으로 집에서 쉽게 할 수 있는 로스팅 방법으로는 채망 로스팅이 있는데요. 도구를 비교적 저렴한 가격으로 구입할 수 있고 향이나 색의 변화를 눈으로 확인할 수 있어 로스팅의 과정을 이해하는 데 도움이 됩니다.

**준비해 두세요**

가능한 한 큰 사이즈의 채망, 생두 100g, 소형 선풍기나 찬바람이 나오는 헤어드라이기, 휴대용 가스버너, 면장갑, 볶은 원두를 담을 철망, 나무 주걱

1. 채망 바닥에 생두가 깔릴 정도의 양(약 100g)을 넣고 뚜껑을 닫습니다. 생두가 많을수록 로스팅 시간이 길어지므로 너무 많이 담지 않는 것이 좋아요.
2. 휴대용 가스버너의 화력을 중간 정도로 조절하고 불의 20cm 위에서 채망을 상하좌우로 천천히 흔들어 줍니다.
3. 4~5분 정도 지나면 짙은 녹색의 생두가 노란색으로 변해 갑니다.
4. 7~8분 정도 후 탁탁 소리가 나면서 1차 팝핑이 발생합니다. 이때부터 커피 고유의 향이 발생하는데요. 1차 팝핑 소리가 나면 불을 약간 줄입니다.
5. 색이 점차 짙은 갈색으로 변해 가고 '탁 탁'하는 소리와 함께 2차 팝핑이 발생합니다. 이때 불을 끄고 철망에 옮겨 담아 나무 주걱으로 저으며 찬바람으로 빨리 식히세요.
   콩이 잘 팽창해서 주름이 없고 색이 균일하게 보이면 로스팅이 잘 된 것입니다. 몇 번 하면서 본인의 취향에 맞게 로스팅 강도를 조절하세요.

**주의사항**

채망 로스팅은 연기가 많이 나므로 가급적 실외나 베란다 등 외부 공기가 통하는 곳에서 해야 합니다. 채망을 불에 수평이 되도록 하고 불과의 높이를 10~20cm 정도 유지해야 합니다. 불에 너무 가까이 대고 로스팅을 진행하면 겉은 타고 속은 덜 익는 원두가 되기 때문이죠. 로스팅이 끝날 때까지 쉬지 않고 채망을 상하좌우로 흔들어 최대한 콩이 고르게 로스팅되도록 해야 합니다. 로스팅 중 생두를 감싸고 있던 얇은 껍질인 채프가 많이 날리므로 주의하세요.

## 도자기 로스팅

홈 로스팅의 수요가 많아지면서 가정에서 더 쉽게 로스팅할 수 있도록 만들어진 도구가 바로 도자기 로스터입니다. 손목에 무리가 가지 않도록 디자인되었고 손잡이의 구멍으로 원두를 배출할 수 있는 게 특징이죠. 재질이 도자기라 열 보존성이 좋고 열 전달이 고르게 되어 채망보다는 로스팅이 좀 더 쉽습니다. 또한 채망처럼 채프가 밖으로 많이 날리지 않아 실내에서도 로스팅이 가능한 장점이 있습니다.

**준비해 두세요**

도자기 로스터기, 생두 40~50g, 휴대용 가스버너 또는 가스레인지, 볶은 원두를 담을 철망, 나무 주걱, 소형 선풍기, 면장갑

1. 먼저 도자기를 약한 불로 2~3분 정도 예열합니다.
2. 40~50g의 생두를 도자기 로스터 홀에 붓습니다.
3. 불을 중간으로 조절하고 불에서 15~20cm 정도 높이로 들어서 리본 모양(∞)으로 계속 흔들면서 볶습니다. 수분이 날아가는 과정에서 생기는 채프는 로스터기 내부에 상당 부분 남습니다.
4. 노란색으로 변하고 시간이 더 지나면 '탁 탁' 소리를 내며 1차 팝핑이 일어납니다. 이때 불을 약하게 줄입니다. 도자기 로스터기는 내부에서 열이 순환하면서 고온이 지속되기 때문에 순식간에 원두가 익습니다. 투입구를 통해서 색의 변화를 수시로 관찰하면서 볶으세요.
5. 도자기 로스터기의 특성상 채망보다 빠르게 2차 팝핑이 올 수 있으므로 원하는 색상에 다다르면 빠르게 배출해야 합니다. 배출 전 투입구로 가볍게 바람을 불어 넣으면 채프는 날아가고 원두만 남습니다.
6. 철망에 옮겨 담아 나무 주걱으로 저으며 선풍기 등으로 식혀 줍니다.

---

**주의사항**

도자기 손잡이 부분이 가죽이나 실로 보호되어 있지만 로스팅이 진행될수록 뜨거워져요. 면장갑이나 방열장갑을 이용해 화상을 입지 않도록 주의하세요.

## 프라이팬 로스팅

채망이나 도자기 로스터기가 없어도 집에 있는 도구로 로스팅이 가능합니다. 사실 커피 생두도 콩이기 때문에 일반 콩처럼 프라이팬에 볶아도 됩니다. 다만 로스팅용으로 사용된 프라이팬은 재사용이 어려울 수도 있으므로 되도록 헌것을 사용하는 것이 좋아요.

**준비해 두세요(2인분)**

프라이팬, 휴대용 가스버너, 생두, 나무 주걱, 소형 선풍기, 볶은 원두를 옮겨 담을 철망

1  프라이팬을 연기가 날 때까지 예열합니다.
2  불을 중간으로 조절하고 생두를 넣습니다.
3  나무 주걱을 잡고 콩 전체에 열이 잘 전달되도록 골고루 젓습니다.
4  5분 정도가 지나면 생두가 노란색을 띠며 연기가 나는데, 이때부터 환기를 잘 시키세요.
5  계속 골고루 잘 저어주면 원두의 색이 갈색으로 변합니다. '탁 탁' 소리를 내며 1차 팝핑이 시작되면, 불을 약하게 줄이세요.
6  원두가 골고루 잘 익었는지 확인하고, 2차 팝핑이 일어나면 불을 끕니다.
7  재빨리 철망에 옮겨 담아 선풍기 등으로 빠르게 식힙니다.

## 색상으로 확인하는
## 로스팅 정도

| 명칭 | 상태 | Agtron | 특징 |
|---|---|---|---|
| 라이트<br>Light | | #95 | • 로스팅 초기 단계<br>• 향과 바디감이 거의 없고 곡물맛이 남 |
| 시나몬<br>Cinnamon | | #85 | • 강한 신맛<br>• 품종의 특성이 나타나기 시작함<br>• 시나몬색을 띠며 향이 나기 시작 |
| 미디엄<br>Midium | | #75 | • 신맛에 쓴맛이 더해져 바디감(깊은 무게감)이 조금씩 강해지기 시작함<br>• 향이 좋고 마일드함 |
| 하이<br>High | | #65 | • 갈색을 띠며 신맛과 쓴맛이 조화를 이룸<br>• 단맛이 나기 시작 |

| 명칭 | | Agtron | 특징 |
|---|---|---|---|
| 시티<br>City | | #55 | • 다갈색으로 균형잡힌 맛을 냄<br>• 커피 품종의 특성이 나타나기 시작함 |
| 풀시티<br>Full City | | #45 | • 흑갈색<br>• 산미는 거의 없어지고 쓴맛과 깊은 바디감을 느낄 수 있음<br>• 아이스 커피에도 적합 |
| 프렌치<br>French | | #45 | • 진한 초콜릿색으로 표면에 오일 성분이 나타남<br>• 쓴맛과 탄맛이 남 |
| 이탈리안<br>Italian | | #25 | • 검은색에 가까움<br>• 강한 쓴맛과 탄맛이 남 |

PART

04

# 커피의 맛은 추출에서부터

인류의 95%는 커피 향기를 맡으며 일과를 시작합니다. 커피가 발견된 이래 세상 사람들에게 가장 익숙한 습관이 되어버린 커피는 사람과 사람을 이어 주는 고마운 음료이기도 합니다. 나른한 오후에 활기를 되찾기 위해 다른 사람들과 함께 커피를 나누기도 하고, 갑자기 누군가 찾아올 때도 커피를 마십니다. 커피를 즐기기 위해서는 흔히 '커피 내린다'고 불리는 과정을 거쳐야 하는데요. 이 과정이 바로 커피 추출입니다. 어떤 도구로 어떻게 내리든 간에 내 입에 맞는 한 잔의 커피야말로 새로운 활력소가 되죠.

**EXTRACTION METHOD**

# 원두의 로스팅 정도에
# 따른 추출법

커피 추출이란 커피에서 커피 성분을 뽑아낸다는 의미입니다. 커피 입자에 물을 부어 통과시켜서 커피가 가지고 있는 성분을 뽑아내는 것이 추출이죠.

한 잔의 맛있는 커피를 마시기 위해서는 몇 가지 조건들이 필요한데요. 좋은 생두, 적당한 로스팅, 원두의 종류와 상태, 추출 도구에 따른 분쇄 굵기, 좋은 물과 적당한 온도 등이 여기에 해당합니다. 그러나 커피의 상태에 따라 좋은 성분을 추출할 수도 있고 나쁜 성분을 추출할 수도 있으므로, 추출하기 전에 반드시 원두 상태를 확인하는 것이 중요해요. 커피 맛의 80%는 원두가 좌우하기 때문이죠.

로스팅이란 커피가 가지고 있는 맛과 향을 추출할 수 있도록 생두에 열을 가해 볶는 과정을 말합니다. 생두의 특성에 따라 약배전, 중배전, 강배전 등 다양한 방법으로 맛을 만들 수 있죠. 같은 커피콩이라 할지라도 각각의 배전도에 따라 뿜어내는 맛과 향이 다르므로 로스팅 단계에 따른 맛의 특성을 알아두면 좋습니다. 로스팅은 크게 8단계로 나뉩니다.

라이트, 시나몬, 미디엄 로스팅 단계를 약배전으로 분류합니다. 커피콩을 이렇게 약하게 볶으면 신맛 외에는 다른 맛이 느껴지지 않아요. 그래서 풀향기와 같은 풋내와 곡물 향이 나는데 이런 약배전 커피를 내려 마셔 보면 풋풋하고 떫은 차를 마시는 느낌이 나요.

하이, 시티 로스팅 단계를 중배전이라고 부릅니다. 커피의 단맛, 신맛, 쓴맛이 적절히 조화를 잘 이루고 있는 단계입니다. 향 또한 캐러멜, 초콜릿, 꽃향기 등이 다양하게 올라오죠. 싱글오리진이라고 불리는 한 가지 원두를 보통 이 단계 정도로 볶아서 추출합니다.

풀시티, 프렌치 로스팅을 강배전이라고 해요. 보통 에스프레소 머신용 원두를 이 단계로 볶습니다. 에스프레소용 원두는 맛을 상호 보완하기 위해 두 종류 이상의 원두를 섞는 블렌딩 과정을 거치는데요. 이렇게 섞은 원두들은 강하게 볶아야 우유나 시럽을 섞어 만드는 에스프레소 메뉴에서 커피 맛이 살아나요.

마지막으로 이탈리안 로스팅을 초강배전이라고 부르는데요. 이 단계는 강한 쓴맛 외에 모든 커피 맛이 사라져 버리기 때문에 별도의 목적이 있지 않는 한 이 단계까지 로스팅은 진행하지 않습니다.

## 약배전일 때 추출 방법

라이트 로스팅부터 미디엄 로스팅까지를 약배전이라고 합니다. 약배전으로 로스팅된 원두의 특징은 원두가 가지고 있는 향 중 고소한 향과 풋풋한 향이 강하다는 건데요. 강한 신맛, 중간의 단맛, 약한 쓴맛이 특징이며 전체적으로 연한 커피입니다.
약배전으로 커피를 추출할 때 알맞은 물의 온도는 93±2℃ 정도인데요. 물의 온도가 낮을수록 신맛이 많이 추출되기 때문에 물의 온도를 높여 조금 더 강렬한 커피를 추출하기 위해서입니다.

## 중배전일 때 추출 방법

하이 로스팅과 시티 로스팅 단계를 중배전으로 분류합니다. 추출 방법에 따라 신맛, 단맛, 쓴맛을 자유롭게 표현할 수 있으며 맛과 향이 가장 좋은 단계입니다.
중배전 커피를 추출할 물의 온도는 90±2℃ 정도가 적당합니다. 물의 온도가 너무 높으면 쓴맛 위주의 강렬한 커피가 추출되고, 반대로 너무 낮으면 신맛 위주의 연한 커피가 추출되기 때문이죠.

## 강배전일 때 추출 방법

풀시티 로스팅부터 프렌치 로스팅 단계가 강배전입니다. 강배전의 커피는 주로 일본 사람들과 이탈리아 사람들이 좋아한다고 알려져 있는데요. 강배전은 강한 쓴맛뿐만 아니라 탄 맛이 나고 오일이 배출되어 추출 후에도 기름진 느낌이 드는 커피입니다. 그래서 아이스용 커피나 다른 재료를 첨가한 Varation 음료용으로 많이 사용하죠.

강배전 커피를 추출하기에 좋은 물의 온도는 85±2℃입니다. 80℃ 이하의 온도로 추출하면 비린내가 날 수도 있고, 90℃ 이상의 물로 추출하면 쓴맛 위주의 강한 커피가 추출되기 때문이죠.

**CRUSHING DEGREE**

# 분쇄도와
# 커피 맛의 상관관계

### 쓴맛이 강한 가는 분쇄

0.3~0.5mm 이하가 가는 분쇄입니다. 0.3mm 이하는 에스프레소 머신과 이브릭에 사용하며 30초 내로 추출합니다. 농도가 가장 깊고 쓴맛이 강한 커피를 추출할 수 있죠. 0.5mm 이하는 사이폰과 모카포트에 사용하며 1분 이내로 추출합니다. 쓴맛이 강하고 바디감이 좋아 진한 향미를 조금 더 느낄 수 있어요.

### 다양한 맛이 나는 중간 분쇄

0.5~1.0mm 이하가 중간 분쇄입니다. 핸드드립, 커피포트, 융 드립 등 주로 필터를 사용하여 천천히 커피를 추출하는 기구에 적합합니다. 주로 3분 이내로 추출하는데, 균형 잡힌 커피의 향과 맛을 느낄 수 있어요.

### 신맛이 강한 굵은 분쇄

1.0mm 이상의 굵은 분쇄입니다. 프렌치프레스로 추출할 때 주로 쓰는데, 4분 이내로 추출하는 게 좋아요. 추출 속도가 빠르고 물과 접촉하는 표면이 좁아서 신맛 위주의 연한 커피가 추출됩니다.

**GRINDER**

# 그라인더의
# 종류

## 수동 그라인더

수동 그라인더의 재질은 보통 나무, 유리, 스테인리스, 동이 주를 이룹니다. 칼리타, 하리오, 시타, 아키라, 포렉스, 작센하우스 등과 같은 브랜드들이 있고요. 주로 드립 기구 방식의 필터 추출에 많이 사용하는데요. 분쇄도 조절이 가능해서 가는 분쇄인 사이폰이나 모카포트에서부터 굵은 분쇄인 프렌치프레스용까지도 사용할 수 있어요.

나무나 동 재질로 된 제품은 커팅날이 강철이나 스테인리스로 되어 있습니다. 단점은 나무 재질이라 물 세척이 어렵고 내부 청소나 분쇄를 조절하려면 원두 투입구 쪽의 나사를 다 풀어내야 하기에 번거로움이 있습니다. 반면 유리나 스테인리스로 된 제품들은 커팅날이 주로 세라믹날입니다. 쉽게 커팅날 쪽이 분리되며 물 세척이 가능하여 좀 더 청결하게 사용할 수 있고 분쇄 조절이 쉽습니다. 그러나 세라믹날은 굵은 분쇄로 갈수록 분쇄도가 불균형하다는 단점이 있어요. 암날과 숫날의 유격 때문이죠.

## 자동 그라인더

자동 그라인더는 수동 그라인더보다 대량으로 분쇄할 수 있으며 호퍼통이 있어서 일정량을 넣어 사용할 수 있습니다. 또한 굵기 조절 다이얼로 편리하게 분쇄도를 조절할 수 있고, 모든 커피 도구에 필요한 분쇄가 가능합니다.

바라짜 엔코의 제품은 코니컬 날을 장착하여 균일한 분쇄가 가능하고 열 발생을 최소화시켰는데요. 40단계의 다양한 분쇄도 선택이 가능하고 250g을 호퍼통에 넣으면 한번에 최대 142g까지 분쇄할 수 있어요. 칼리타 나이스 컷은 다이얼 레버로, 8단계의 분쇄 조절이 가능하고 호퍼통에 200g을 넣고 스테인리스 분말통으로 한번에 100g까지 분쇄할 수 있어요. 또 가정에서뿐만 아니라 소형 매장에서도 사용할 수 있답니다. 보덤 비스트로는 원뿔기어 날 방식으로, 안정적으로 천천히 회전하여 미분이 적으면서도 균일한 분쇄가 가능합니다. 시간 조절 장치로 필요한 양만큼 분쇄할 수 있으며 다양한 굵기 분쇄도 가능하죠. 이 외에도 칼리타 나이스 컷과 같은 모양의 저가형 시타 제품이나 고가형 후지로얄도 있고, 롬멜스바하, 홈아트 등에서 나온 다양한 제품들이 있습니다.

## 에스프레소 전용 그라인더

에스프레소 그라인더는 몸통은 스테인리스, 호퍼는 투명 프라스틱으로 되어 있습니다. 호퍼통에는 1~2kg까지 원두를 넣어 사용할 수 있는데요. 분쇄 입자를 세밀하게 조절할 수 있고, 스위치를 이용해 도저통에 원두를 분쇄한 후에 도저 레버를 수동으로 당겨 사용하거나 센서를 통해 자동으로 적당량을 담아 사용합니다.

주로 전문 커피 매장에서 에스프레소 머신용으로 사용하는데요. 그라인더 날은 플랫형 커팅 방식 구조여서 굵기를 더욱 작게 분쇄할 수 있지만, 열 발생이 많아 그라인더 날의 주기가 짧아집니다. 또한 분쇄할 때 열이 많이 발생해서 사용 시간의 2배 이상 휴식 시간을 가져야 합니다. 훼마, 산레모, 마캅, 헤이카페, 라심발리, 체아도, 메쪼, 안핌, 마지스타, 카페시모, 말코니, 노바시모 넬리 등 다양한 제품들이 있습니다.

**EXTRACTION METHOD**

# 다양한 커피 추출 방식

## 침출식

침지식으로도 불리는 침출식은 가장 오래된 커피 추출 방법입니다. 추출 용기에 분쇄된 원두가루를 넣고 뜨거운 물을 붓거나 가열하여 커피 성분을 추출하는 방식이죠.

침출식에는 프렌치프레스와 커피비긴을 이용하는 우려내기, 튀르키예식 커피인 이브릭을 이용한 끓임법(달임법), 뜨거운 물과 커피 추출액이 반복하여 커피층을 통과하여 추출하는 퍼콜레이터를 이용한 반복 여과 추출, 유리 플라스크에 물을 가열하여 발생되는 증기압에 의해 물이 상부로 올라가면 커피가루와 일정시간 후 열원을 제거하여 추출액이 하부로 내려오는 방식인 사이폰을 이용한 진공 여과 방식이 있습니다. 침출식 중에서도 뜨거운 물을 이용한 방식보다는 이브릭으로 끓여서 추출한 커피가 더 진하고 묵직합니다.

## 여과식

여과식은 투과식으로도 불리는데, 분쇄된 원두가루를 종이나 금속으로 된 필터에 넣고 물을 통과시켜 커피 성분을 추출하는 방식입니다. 커피메이커와 드립식 추출(멜리타, 칼리타, 고노, 하리오 등)과 같이 여과용 필터에 원두가루를 넣고 뜨거운 물을 통과시켜 추출하는 방법과 장시간에 걸쳐 원두가루 위에 찬물을 한 방울씩 떨어트려 커피를 추출하는 워터드립 방식이 있습니다. 이런 방식들을 드립 여과 추출법이라고 하죠.

또한 모카포트나 에스프레소 머신과 같이 가압(2~10기압)된 뜨거운 물이 커피 케이크를 통과하면서 추출하는 가압 추출이 있습니다. 가압 추출 방식은 강렬하고 진한 커피를 추출하는 반면 드립 여과 추출법은 개인의 취향대로 다양한 맛과 향의 커피를 내릴 수 있죠.

**KEY POINTS**

# 추출할 때
# 고려해야 할 사항

## 커피의 신선도

커피는 가능한 한 볶은 지 얼마 안 된 원두를 사용해 추출해야 맛과 향이 좋은 음료가 됩니다. 그렇다고 오늘 갓 볶은 원두를 바로 추출하면 맛과 향이 없는 밋밋한 커피가 추출돼요. 갓 볶은 원두는 최소 2일 이상의 숙성 기간이 필요하거든요. 커피를 볶으면 원두 안에 이산화탄소가 차는데 이 가스가 안에서부터 밖으로 서서히 밀고 나오면서 커피 본연의 맛과 향이 갖춰지게 됩니다. 이 가스가 맛을 끌고 나오는 데 필요한 시간이 최소 2일 정도는 되어야 한다는 거죠.

커피는 볶은 지 2~7일 사이에 맛과 향이 지속적으로 상승 곡선을 그리다가 7~14일까지는 수평선을 유지합니다. 즉, 볶은 날로부터 7~14일 기간에는 맛과 향이 유지된다는 의미죠. 따라서 일정한 맛을 원하면 커피를 개봉하지 않고 밀폐 용기에 잘 보관하다 1~2주 사이에 추출해서 마시면 일정한 맛을 느낄 수 있습니다. 하지만 한 달이 지나면 맛이 현저히 떨어집니다. 그런데도 유명 브랜드나 커피 회사들은 유통기한을 1~2년 정도로 설정해 놓고 시중에 유통하죠. 다시 한번 강조하지만 볶은 지 한 달이 지난 원두는 사지도 말고, 마시지도 않는 것이 좋답니다.

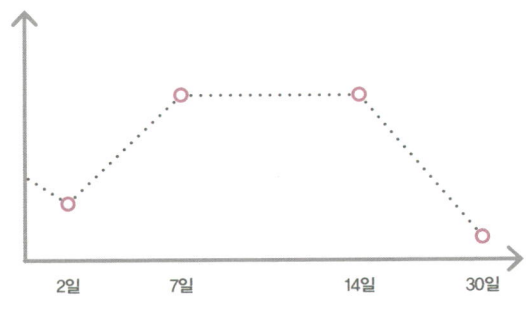

원두 보관에 따른 맛의 변화

## 커피를 산패시키는 요인

커피를 산패시키는 가장 큰 요인은 산소입니다. 커피는 일정 시간 동안 원두 안에 든 이산화탄소가 밀고 나오는 숙성 과정을 거치는데, 이 기간이 끝나면 산소를 빨아들이게 됩니다. 볶은 지 14일이 지난 시점부터 이렇게 산패가 진행되죠. 그래서 로스팅한 날로부터 14일 이내의 원두가 가장 좋습니다.
두 번째는 습도입니다. 건조한 겨울보다는 습한 여름에 원두의 산패가 더 빨리 진행되죠.
커피를 산패시키는 마지막 요소는 햇볕입니다. 그래서 원두는 항상 음지에 서늘하게 보관하는 것이 좋습니다.

## 어떤 포장재가
## 좋은가

커피를 포장하는 방법은 여러 가지가 있습니다. 산소를 완전히 없애고 포장하는 진공포장법, 질소를 넣어 커피의 산패를 더디게 만드는 질소포장법, 완전 밀폐되는 캔에 포장하는 캔포장법 등이 있죠. 하지만 아무리 과학적인 포장법을 사용한다 해도 커피 내부에서 빠져나가는 이산화탄소를 완전히 막을 수는 없어요. 좋은 포장재는 커피의 산패를 잠시 더 늦춰 줄 뿐이죠. 따라서 구입한 원두는 가급적 빨리 마시는 게 좋답니다.

## 물의 질

물에는 연수와 경수가 있습니다. 연수는 단물이라고도 하며 칼슘 이온이나 마그네슘 이온이 적게 함유되어 있는데, 빗물과 수돗물이 연수에 속해요. 경수는 센물이라고도 하며 연수와 반대로 칼슘 이온과 마그네슘 이온이 많이 함유되어 있으며 지하수가 이 경수에 해당되죠. 물의 여러 가지 미네랄 성분 중에 칼슘 성분은 물맛을 좋게 하지만 마그네슘이 함유된 물은 쓴맛을 냅니다.
커피를 추출할 때는 경도 10ppm 이하의 연수가 좋습니다. 그래서 생수를 사용할 경우 경도가 10ppm 이하인 국내 생수를 사용하면 맑은 맛이 느껴지고, 경도가 100ppm 정도인 외국 생수를 사용하면 무거운 맛이 느껴지죠. 심층수는 경도가 높으므로 커피에 적용할 때는 품종과 배전의 상태에 맞게 조절해서 사용해야 하는데요. 화학적으로 소독한 수돗물은 연수이지만 석회질이 많이 함유되어 있어 반드시 연수기로 걸러 내고 사용해야 합니다. 그래서 대부분의 커피 추출은 정수기나 연수기를 거친 물을 사용해요. 하지만 정수기나 연수기가 박테리아, 바이러스 등 오염 물질의 99%를 거를 수는 있지만, 유용한 미네랄 성분까지 걸러낸다는 단점이 있습니다.

## 커피와 물의 비율

커피의 99%는 물이어서 이미와 이취가 없는 깨끗하고 신선한 물을 사용해야 해요. 적정 커피 농도는 1.0~1.5%이며 커피의 농도가 1% 미만이면 너무 약한 맛이 나고, 1.5% 이상이면 너무 강한 맛을 내게 됩니다.

## 추출 온도와
## 추출 시간

커피를 내릴 때 적당한 물의 온도는 90±5℃인데, 분쇄도와 로스팅 정도 등에 따라 물의 온도를 달리해야 합니다. 물의 온도가 높을수록 커피 성분이 많이 추출되어 향과 중후한 느낌의 바디감이 증가하며 쓴맛이 강해져요. 반면 물의 온도가 낮을수록 가용 성분이 적게 추출되어 향이 부족하고 신맛 위주의 연한 커피가 추출됩니다.

커피의 추출 시간은 기호에 따라 차이가 있지만, 일반적으로 2인분을 추출할 때 3분 이내입니다. 1분 안팎의 짧은 시간에 커피를 추출하면 떫은 쓴맛 위주의 텁텁한 커피가 추출되죠. 반대로 3분 이상의 긴 시간 동안 커피를 내리면 잡맛이 너무 많이 배게 되어 전체적으로 연한 커피가 추출됩니다.

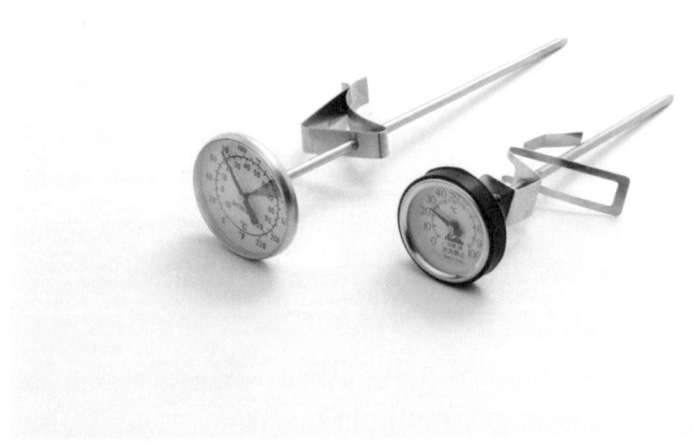

# 커피잔의 선택

와인은 마시는 음료의 종류에 따라 사용하는 잔이 달라집니다. 샴페인과 같이 탄산이 들어 있는 음료는 스파클링 글라스를 사용합니다. 화이트 와인과 레드 와인의 중간쯤 되는 로제 와인의 경우 장미의 꽃봉오리를 닮은 로제 글라스에 마시고요. 화이트 와인을 즐길 때는 입구와 볼이 약간 좁은 화이트 글라스를 이용하죠. 레드 와인은 향과 맛이 깊고 다양하기 때문에 입구와 볼이 큰 부르고뉴 잔이나 보르도 잔을 사용하곤 합니다.

음식도 어울리는 그릇에 담아야 더 맛있어 보이듯 커피나 와인도 담는 잔에 따라 마실 때의 느낌이 달라집니다. 커피의 종류에 따라 알맞은 커피 잔이 있기도 하지만, 무엇보다 정성스럽게 내린 커피를 본인이 좋아하는 커피 잔에 담아 마신다면 커피가 더욱 맛있겠죠?

**MATERIAL OF CUP**

## 재질에 따른 커피 잔의 종류

커피 잔의 재질에 따라 커피를 즐기는 시간, 맛과 향이 달라집니다. 종이컵과 같은 수질성 재질은 사용하기 간편한 장점은 있지만 보온보냉 효과가 낮죠. 플라스틱 재질은 가볍고 튼튼하지만 환경호르몬 등 몸에 좋지 않은 성분이 배어 나올 수 있고요.

카페나 가정에서 커피 잔으로 많이 쓰이는 재질은 누가 뭐래도 도자기입니다. 요즘은 기술이 좋아져서 스테인리스나 동 등 철로 만든 제품도 나오고 있습니다.

## 도자기

도자기는 흙으로 모양을 빚어서 고온에서 구워 낸 것으로, 열에 강하고 인체에 해가 없는 가장 좋은 재질입니다. 예열을 할 수 있고 뜨거운 커피가 빨리 식지 않는 장점이 있죠. 잔 받침과 잔을 기본으로 하지만, 요즘은 머그잔처럼 잔 받침이 필요 없는 컵들도 많이 이용해요. 나라별로 역사가 있는 도자기 브랜드들이 많이 있는데요. 이렇게 역사와 전통을 자랑하는 제조업체들은 수집가들의 다양한 욕구를 채워 주기도 합니다.

**영국의 스포드(Spode)**

1770년 조사이어 스포드에 의해 창립된 회사입니다. 흔히 영국 본차이나 도자기의 원조라 불리죠. 1806년에 이르러서 스포드 2세가 은은하고 깨끗한 순백의 반투명 빛이 나는 파인 본차이나 제조법을 개발하면서 영국 도자기의 신화가 됩니다. 스포드 도자기는 정교한 패턴과 강렬한 색상을 무기로 세트화해서 브랜드 정체성을 확립했죠.

**영국의 로열덜튼(Royal Doulton)**

1815년 템즈강변의 작은 마을인 람베스라는 곳에서 존덜튼에 의해 설립되었습니다. 지금은 '명품 만찬의 테이블 웨어'라 불릴 만큼 명품으로 인정받고 있죠. 아버지의 회사를 물려받은 헨리는 1884년 처음으로 본차이나 도자기를 생산하고, 격조 있는 디자인으로 1887년 빅토리아 여왕으로부터 업계 최초로 기사 작위를 하사받습니다. 1901년에는 에드워드 7세로부터 '로열'이라는 칭호를 하사받기에 이르며, 20개 이상의 도자기 공장과 글라스 공장을 보유한 영국 제일의 요업회사가 됩니다. 1972년에는 로열 크라운더비, 민튼, 로열 알버트를 인수해 현재 영국 도자기 전체 생산량의 40%를 차지할 정도로 거대한 기업으로 성장했습니다.

**이탈리아의 리차드지노리(Richard Ginori)**

1735년 피렌체의 카를로 지노리 후작이 도이칠란드 지방에 설립한 도자기 회사입니다. 중국의 자기 원료와 독일의 제조 기술을 접목해 만든 리차드지노리의 도자기는 이탈리아 느낌의 페인팅으로 유명한데요. 이탈리아의 고급 호텔에서는 리차드지노리의 접시와 커피 잔으로 서비스할 만큼 고급 브랜드로 사랑받고 있습니다. 이탈리아 전역에 걸쳐 7개의 가마를 가지고 있으며 수많은 작품을 만들어내고 있지만 아직까지 우리나라에는 많이 알려지지 않은 브랜드입니다.

### 프랑스의 지앙(Gien)

1821년 설립된 프랑스를 대표하는 명품 도자기입니다. 파리에서 약 160km 떨어진 지앙에 위치해 있으며, 프랑스에서는 '지앙'하면 도자기를 떠올릴 정도로 유명한 상표이자 지역 이름입니다. 하지만 아이러니하게도 이 회사의 설립자는 토마스 훌룸이라는 영국인이죠. 수작업으로 그리는 선 장식 기법과 꽃문양 장식법은 1839년 만국박람회에서 수상할 정도로 화려합니다. 수상을 계기로 유럽의 많은 왕조와 가문들이 자신만의 독특한 문양과 장식을 새겨달라고 주문하면서 상류사회의 필수 아이템으로 자리 잡았는데요. 아직도 유명한 화가와 장식가들을 모아 새로운 장식과 문양을 창조하는 데 아낌없는 투자를 하고 있습니다.

### 프랑스의 베르나르도(Bernardaud)

1863년 나폴레옹 3세가 집권하던 시절 프랑스의 작은 마을 리모주에서 시작된 회사입니다. 창립 직후부터 왕실 리셉션 테이블 웨어로 사용될 정도로 탄탄한 길을 걸어왔습니다. 만국박람회 금상을 비롯한 수많은 상을 획득하였으며 1985년에는 베르나르도 상을 제정하여 신인 디자이너 배출과 육성에도 힘쓰고 있습니다.

### 독일의 드레스덴(Dresden)

19세기 말부터 2차 세계대전 전까지 독일의 드레스덴 지역의 여러 공방이 연합해 만든 도자기 연합입니다. 핸드페인팅으로 생산되는 블루멘 패턴으로 최고의 번성기를 누리다 2차 세계대전 당시 대부분의 공방이 폭격을 맞아 드레스덴 외곽 지역인 풋샤펠로 이전하게 되었습니다. 초창기 드레스덴의 도자기 공방들은 블랭크Blank라고 불리는 문양 없는 도자기 제조공장이 없었습니다. 그래서 주변 마이센이나 바바리아 도자기 업체로부터 블랭크를 사서 꽃과 패턴 등을 수작업으로 그려 넣은 화려한 도자기를 생산했죠.

이 도자기들이 명성을 얻으면서 주변의 도자기 공방들이 문양이나 패턴을 모방하기 시작했는데요. 그래서 지금도 드레스덴이라는 이름이 붙은 도자기 회사들이 여기저기 난립하고 있는 상황입니다. 드레스덴 도자기의 가장 큰 특징은 경질 자기류 도자기라는 건데요. 달걀 껍데기처럼 아주 얇지만 단단하고 투명해서 거울로 써도 손색이 없을 정도입니다.

**헝가리의 헤렌드(Herend)**

1826년 빈스 스팅클에 의해 헤렌드 지역에 설립된 회사입니다. 공장을 세운 지 얼마 안 돼 스팅클은 파산하였고, 채권자인 모르피셔가 이 공장을 인수해 세계적인 도자기 회사로 만들었습니다. 19세기 중반까지 함스부르크 왕조를 비롯한 유럽의 여러 귀족에게 도자기를 공급하였는데, 1840년대에 개발된 전통문양이 아직도 유지되는 뼈대 있는 도자기입니다. 피셔가 사망하면서 아들에게 경영권을 물려 줬으나 예술적인 면에서 퇴색하기 시작하였고 파산 직전에 이르기도 했지만 지금은 독일의 마이센, 덴마크의 코펜하겐과 함께 세계 3대 명품 도자기로 인정받고 있습니다.

**네덜란드의 델프트(Delft)**

네덜란드 델프트 지역에서 생산되는 도자기를 말합니다. 17세기 전후로 네덜란드는 황금기를 맞고 있었는데 이때 수많은 자기가 중국으로부터 수입됩니다. 중국 도자기는 사회지도층들만 사용할 정도로 비쌌기 때문에 이런 중국 자기들을 소규모 공방들이 모방해서 만든 자기가 델프트 블루입니다. 그러다가 1919년 여왕으로부터 '로얄'의 칭호를 하사받아 '로얄 델프트'라는 이름을 가지게 되죠. 델프트 제품 중 가장 유명한 것은 접시인데요. 푸른색 접시에는 다양한 문양과 함께 네덜란드를 상징하는 풍차, 캐릭터 등이 그려집니다.

### 미국의 레녹스(Lenox)

1889년 월터스코트 레녹스에 의해 설립된 회사입니다. 미국은 유럽보다 도자기 역사가 짧고 기술력이 모자라, 레녹스는 독자적인 자기를 완성하는 것을 목표로 합니다. 그 후 1916년 상아색의 온화한 느낌이 나는 튼튼한 레녹스 차이나를 만드는 데 성공하고 '대통령의 식기'라는 칭호를 얻으면서 세계적으로 유명한 브랜드로 자리 잡았습니다. 현직 대통령들에게도 사랑받은 레녹스는 미국 도자기 최초로 프랑스 국립도자기박물관에 전시되기도 했죠. 복잡하지 않고 깔끔한 패턴을 유지하면서 고급스러움을 갖춘 레녹스의 제품들은 3천여 개가 넘는 미 대사관에서 사용되고 있습니다.

### 쯔비벨무스터(Zwiebelmuster)

쯔비벨무스터는 독일어로 양파 패턴이라는 의미인데요. 독일의 유명 도자기 생산 업체인 마이센 도자기에서 중국 도자기의 패턴을 짜깁기하여 복숭아, 배, 석류, 국화 등의 문양을 그려 넣었는데 얼핏 보기에 양파꽃과 비슷하다고 하여 쯔비벨무스터라는 이름이 붙여졌습니다. 따라서 쯔비벨무스터라는 이름은 특정 도자기 회사의 이름이 아니라 패턴을 말하는 명칭이죠. 가장 유명한 쯔비벨무스터 제품은 독일의 마이센 도자기에서 생산되는 블루어니언인데요. 오랜 시간이 지나도 질리지 않는 고풍스러운 멋이 특징이죠. 현재 쯔비벨무스터를 생산하는 나라는 독일, 일본, 체코 등입니다.

# 금속 잔

**동**

동 재질의 드립포트를 비롯해서 다양한 모양과 사이즈의 동 잔들이 많이 나오고 있습니다. 온도를 잘 유지하는 특성이 있어서 따뜻한 커피는 빨리 식지 않게 하고, 아이스커피는 시원함을 오래 유지해 줍니다. 모양과 색이 화려해 좋아하는 분들이 많으나 동 재질은 관리하기가 까다롭다는 단점이 있어요.

**스테인리스**

스테인리스는 쉽게 깨지지 않고 열에도 강해서 주방용품으로 가장 많이 사용하는 재질입니다. 손잡이가 없는 컵부터 머그 형태, 컵받침이 있는 커피 잔 모양까지 다양한 제품이 있죠. 스테인리스 재질의 커피 잔은 빨리 식는 것을 방지하기 위해 이중구조로 많이 제작하는데요. 가볍고 보관이 편리해서 주로 캠핑 등 야외용으로도 많이 사용되고 있습니다.

## 티타늄

티타늄은 강철과 맞먹는 수준의 강도를 가지고도 중량은 강철의 절반 이하 정도로 가벼우면서도 녹이 슬지 않는 재질입니다. 열에 충분히 강하고 초경량이라 할 만큼 가벼워서 캠핑을 좋아하는 분들에게는 꿈의 커피 잔입니다. 주로 머그 형태의 잔이 많은데, 가격이 너무 비싸다는 단점이 있어요.

## 유리잔

주로 아이스 커피를 마실 때 사용합니다. 다양한 모양과 사이즈의 유리컵에 얼음을 담아 아이스 아메리카노나 시원한 아이스 베리에이션 커피 음료를 즐길 수 있습니다. 요즘 유행하는 메이슨 자Mason Jar는 입구가 넓고 뚜껑이 있는 병으로, 손잡이가 있어서 아이스 음료를 더 돋보이게 하죠.

**USAGE OF CUP**

# 용도에 따른
# 커피 잔의 종류

커피가 처음 발견된 이후 커피는 오랜 역사를 자랑하며 발전했어요. 이슬람 문화권에서 유럽으로 건너간 커피는 최고의 전성기를 누리며 커피 문화 또한 수직 상승하였죠. 특히 에스프레소 기계가 발명된 이후 커피를 즐기는 문화도 크게 바뀌게 되었습니다. 각 메뉴에 맞는 전용 잔도 이 시기부터 만들어졌어요. 카페 메뉴는 최적의 조합과 용량이 잘 맞으면 맛이 배가 되는데요. 각 메뉴에 어울리는 잔들은 어떤 것들이 있는지 알아보겠습니다.

### 에스프레소 잔

80ml 정도의 용량으로 30ml의 1샷 에스프레소를 담는 잔과 에스프레소 도피오를 담는 130ml 용량의 더블샷 잔이 있습니다. 잔은 주로 흰색으로 커피 색을 돋보이게 하며, 내부가 곡선으로 되어 있어 추출할 때 커피가 부드럽게 잔을 타고 내려갑니다. 이탈리아의 안캅ANCAP이 내구성이 뛰어나고 에스프레소에 적합한 커피 잔을 만드는 대표적인 도자기 회사입니다.

### 머그컵

300ml 정도의 용량으로 잔 받침이 없어서 격식을 차리지 않고 부담 없이 사용할 수 있어요. 일본의 마메종MA MAISON이 요즘 유행하는 북유럽풍의 디자인과 컬러감 있는 머그들을 만들어 명성을 얻고 있습니다.

### 카푸치노 잔

220ml 정도의 용량을 담을 수 있습니다. 카푸치노의 풍부한 거품을 즐길 수 있도록 커피 잔의 지름이 넓습니다. 이탈리아에서는 가장 맛있는 카푸치노를 위해 카푸치노 레시피와 잔의 크기를 규격화했는데요. 이탈리아 누오바 포인트 제노바Nuova Point Genova의 카푸치노 잔이 유명합니다.

### 카페오레 잔

카페오레는 카푸치노보다 우유의 양이 많이 들어가는 프랑스식 커피 메뉴입니다. 이탈리아의 카페라테보다 음료의 양이 많아 잔도 용량이 크죠. 320ml 정도로 지름이 넓어서 다양한 라테아트를 표현하기에 좋은데요. 이탈리아의 안캅, 일본의 마메종 등이 유명 브랜드랍니다.

### 레귤러컵

카푸치노 잔과 비슷하지만 용량은 250ml 정도로 약간 큽니다. 일반적인 찻잔으로, 다양한 차를 마실 때도 활용합니다. 핸드드립 커피를 담아 마시기에도 좋고요.

### 데미타스 잔

데미타스Demitasse는 프랑스어로 '컵Tasse의 절반Demi'이란 뜻입니다. 80ml 정도의 용량인 에스프레소 전용 잔으로 사용합니다. 컵 안쪽이 둥근 모양이어서 추출할 때 커피가 튀는 것을 막아 줍니다. 적은 양의 커피가 빨리 식지 않도록 컵과 컵받침을 두꺼운 도자기로 만들고 컵 안쪽은 주로 흰색을 사용하죠. 에스프레소 마키아토와 에스프레소 콘파냐도 이 잔에 담아 놓으면 더 먹음직스럽게 보입니다.

ENJOY COFFEE

## 커피를
## 맛있게 즐기는 방법

**따뜻한 커피를 즐길 때는 잔을 미리 데워 주세요**

"커피는 열에서 시작해 열로 끝나는 음료다"라는 말이 있습니다. 그만큼 커피와 열의 상관관계가 깊다는 의미겠죠. 뜨거운 물로 추출한 커피는 잔에 담으면 급격히 식어 갑니다. 식을수록 커피 맛이 많이 떨어지는 것은 당연한 이치죠. 그래서 커피 잔에 뜨거운 물을 미리 부어 예열해 두면 따뜻한 커피를 좀 더 오래 즐길 수 있습니다.

**입구가 얇은 잔이 커피 맛을 더 잘 느끼게 해 줘요**

입에 닿는 입구 부분이 얇은 잔은 커피를 혀 전체에 퍼지게 해 줍니다. 따라서 다양한 커피의 맛과 향을 느끼고 싶다면 입구 부분이 얇은 잔을 선택하세요.

**오래 두고 마실 커피는 두꺼운 컵을 활용하세요**

한 잔의 커피를 바닥이 보일 때까지 천천히 음미할 수 있다면 그보다 더 좋은 일이 없겠죠. 하지만 바쁜 현대인들에게는 그럴만한 여유가 부족합니다. 커피를 추출해서 마시다 보면 오래 두고 마셔야 할 경우가 많은데요. 이럴 때는 머그컵처럼 두꺼운 컵을 사용하면 따뜻함이 오래 유지되어서 커피의 맛과 향을 오래 즐길 수 있습니다. 특히 뚜껑이 있는 텀블러 형태의 컵은 보온보냉의 효과가 뛰어나니 활용해 보세요.

**잔은 항상 80% 정도만 채우세요**

옛말에 '과유불급'이라는 말이 있는데, "넘치는 것은 모자람만 못하다"라는 뜻이죠. 커피가 이에 해당합니다. 잔 가득 커피를 채우면 마실 때 입을 데이거나 엎지를 수 있는 확률이 높아요. 그래서 잔에 담을 때 20% 정도의 여유 공간을 두면 커피가 입에 닿기 전에 올라오는 다양한 향도 함께 즐길 수 있습니다.

**환경을 생각한다면 일회용보다는 개인용 컵을 활용하세요**

요즘도 일부 카페에서는 개인 컵을 가져오면 커피값을 할인해 주거나 양을 더 많이 주는 이벤트를 진행하고 있습니다. 이런 작은 이벤트도 모두 환경을 생각하는 마음에서부터 시작된 것이겠죠. 자연은 후손에게 빌려 쓰는, 눈에 보이지 않는 재화나 용역에 해당해요. 하루에 종이컵 한 개 줄이기부터 실천해 보는 건 어떨까요.

PART

06

# 좋은 커피 찾기

맛있는 커피는 좋은 생두에서부터 시작됩니다. 좋은 생두를 골고루 잘 익혀서 신선한 상태로 분쇄하고 추출해야 좋은 커피 맛과 향이 탄생합니다. 그런데 원두를 사려고 하면 원두의 이름에서부터 뭐가 그리 복잡한지 머리가 아플 지경이죠. 이럴 때는 원두를 파는 카페 주인장이나 매니저에게 강렬한 맛, 부드러운 맛, 신맛이 좋은 커피, 단맛이 좋은 커피, 향이 좋은 커피 등 자신이 원하는 스타일을 말해주면 쉽게 선택이 가능합니다. 경험보다 좋은 선생이 없다고 이렇게 한두 가지씩 마셔 보며 커피의 특성을 파악하다 보면 어느새 전문가의 경지까지 이를 수 있습니다.

ROUTE

커피의
이동 경로

커피를 즐기는 사람들은 흔히 커피 혹은 원두라는 말을 많이 씁니다. 볶기 전의 커피를 생두라 부르는데요. 한마디로 '살아 있는 콩'이란 뜻입니다. 생두는 은행 열매와 비교하면 쉽게 이해가 됩니다. 은행나무에 주렁주렁 열려 있는 파란 은행 열매들은 가을이 되면 노랗게 익어가죠. 노란 열매의 껍질을 제거해 보면 딱딱한 껍질로 쌓인 열매가 또 하나 들어있는데 이것이 바로 파치먼트입니다. 이 딱딱한 껍질을 까고 볶아 주어야 우리가 포장마차에서 즐겨 먹는 은행 구이가 됩니다.

커피도 마찬가지로 빨갛게 또는 노랗게 익은 열매의 껍질을 제거해 보면 딱딱한 파치먼트 상태의 열매가 나옵니다. 이 상태로 말려서 파치먼트를 제거 해 주면 볶을 수 있는 생두 상태가 됩니다. 이 생두 상태로 생산지에서 소비지로 수출입이 된 다음 로스터들의 손에 전해져 우리가 마실 수 있는 커피로 탄생하는 것이죠.

# 최고의 커피 재배 지역은
# 적도 일대의 고도가 높은 지역

### 흙은 역시 화산재

유기성 토양에 용암과 화산재가 풍부한 토양에서 커피나무는 잘 자랍니다. 한마디로 배수가 잘되는 양분이 많은 땅에서 좋은 커피가 생산되는 겁니다. 이처럼 커피 재배에 가장 잘 어울리는 토양을 일컬어 '테라로사'라 부릅니다. 우리나라에는 이 명칭을 딴 유명한 커피 브랜드도 있죠.

### 비는 적당하게

커피나무는 물을 많이 먹는 식물입니다. 따라서 강수량이 많은 지역이 커피 재배에 유리하죠. 연간 강수량이 1,400~2,000mm 정도 필요합니다. 따라서 좋은 커피가 생산되려면 커피 열매가 자라는 시기에 적당한 비가 내려 줘야 합니다.

Kona Queen's 커피 농장

### 바람은 피해가야

바람은 커피 재배에 악영향을 미치는 경우가 많습니다. 특히 커피 열매가 여물어 가는 시기에 강한 바람이 불면 나뭇잎과 열매가 버티지 못하고 떨어지는 피해가 발생하기도 하고 나무가 쓰러지기도 합니다.

### 햇볕은 많이 필요하지만, 땡볕은 NO

모든 과일류가 익어가면서 좋은 맛을 내기 위해서는 적당한 일조량이 필요합니다. 가물어 물은 적지만 일조량이 많은 해에 달고 맛있는 과일이 생산되는 것과 같은 이치죠. 좋은 커피 열매를 얻기 위해서는 연간 2,000~2,200시간의 일조량이 필요합니다. 하지만 너무 많은 직사광선을 받으면 광합성 작용이 저하되는 부작용이 생깁니다. 그래서 이를 막기 위해 커피나무 옆에 큰 활엽수를 심어 커피나무를 보호하는데요. 이를 '쉐이드 트리'라 부릅니다.

### 추우면 얼어 죽을 수도

커피 재배에 적당한 온도는 15~20℃ 정도입니다. 기온이 5℃ 이하로 내려가면 커피나무는 말라 죽는 것처럼 시들어 죽고 맙니다. 그래서 중미지역에 서리피해가 발생하면 일제히 나무가 냉해를 입고 죽으면서 생산량이 크게 떨어집니다. 이렇게 되면 국제 커피시장의 가격이 큰 폭으로 상승하죠.

### 고랭지에서 좋은 커피가

고급종인 아라비카종은 해발 1,000~2,000m 정도의 고지대에서 재배됩니다. 고도가 높더라도 경사가 완만해야 커피나무를 심어 수확하기에 좋습니다. 인스턴트용이나 블렌딩용으로 많이 사용되는 로부스타종은 주로 평지에서 재배됩니다. 땅이 넓은 브라질이나 베트남이 로부스타종을 많이 생산하는 것도 이런 이유입니다.

**커피가 생산되는 지역을 부르는 용어**

커피는 적도를 중심으로 북위 25도, 남위 25도 사이의 지역에서만 재배되는 작물입니다. 사시사철 따뜻한 햇볕과 풍부한 물, 온화한 기후가 있어야 생장이 가능한 식물이기 때문이죠. 이렇게 커피가 재배되는 지역을 '커피존' 또는 '커피벨트'라 부릅니다. 세계 지도를 펼쳐 놓고 선을 그어 보면 띠처럼 형성되어 있다고 해서 붙여진 이름이죠.

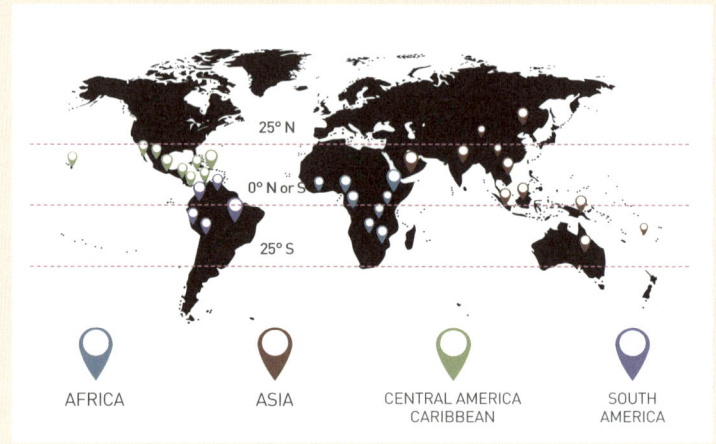

# 커피나무는 심은 지 3년이 되어야
# 수확이 가능

딱딱한 껍질로 둘러싸여 있는 파치먼트 상태의 커피 씨앗을 묘판에 심어 싹을 틔웁니다. 성냥개비 모양의 새싹이 올라오는 데 보통 30~60일이 걸립니다. 어린 커피나무를 6개월 정도 묘판에서 키우다 농장에 이식해서 심는데요. 이렇게 옮겨 심어진 나무는 무럭무럭 자라 만 2년이 지나면 꽃을 피우고 열매를 맺기 시작합니다. 첫 번째 수확이 이루어지면 매년 생산이 가능한데 보통 20~30년 정도 수확한 후 커피나무를 베어 냅니다. 커피나무도 너무 오래 살면 노화가 진행되어 생산 능력이 떨어지기 때문이죠. 커피나무를 베어 낸 자리에는 다시 어린나무를 심어 커피 재배를 하기도 하지만, 중남미 지역에서는 돈벌이가 좋은 코카나무를 심어 커피 재배지역이 줄어드는 경향이 있습니다.

Kona Queen's 커피 농장

## 깨알만 한 커피 열매가
## 붉게 익어가기까지

커피꽃이 피고 진 자리에는 깨알만 한 알갱이가 형성됩니다. 처음에는 열매 같지 않던 이 알갱이가 점점 커지면서 열매의 모양을 갖추게 되죠. 짙은 녹색을 띠며 자라던 커피 열매는 5~7개월 뒤 점차 주황에서 빨강으로 변해 가며 익습니다. 이렇게 빨간 커피 열매의 모습이 마치 체리와 닮았다고 하여 '커피 체리'라 부릅니다. 커피나무 가지 하나에는 보통 수백 개의 커피 열매가 주렁주렁 열리는데요. 열매가 너무 많으면 커피 품질이 떨어져요. 그래서 커피나무의 가지가 너무 무성하게 자라지 않도록 5~7년 단위로 가지치기합니다.

# 커피 수확은
# 사람 손으로

보통 커피 열매는 빨갛게 익지만 예외적으로 노랗게 익는 경우도 있습니다. 이러한 열매를 '옐로우 버번'이라 부릅니다. 옐로우 버번은 브라질 특산물로, 돌연변이 커피에 속해요.

빨갛게 혹은 노랗게 익은 커피 열매는 기계나 사람 손으로 수확하는데요. 브라질 대형 커피 농장에서는 평지에서 재배하는 로부스타종 커피를 수확할 때 기계로 일괄 수확합니다. 그 외의 지역에서는 사람 손으로 잘 익은 커피 열매만 수확하는데, 이를 '핸드픽'이라 부릅니다. 핸드픽은 주로 고급종인 아라비카종을 수확하는 방법이죠. 이렇게 수확이 된 커피체리를 펄핑기에 넣고 과육을 벗겨 주면 커피펄프가 벗겨지며 파치먼트 상태의 커피 씨앗이 나옵니다. 이 점액질 상태의 파치먼트를 어떻게 가공하느냐에 따라 커피 맛이 많이 달라집니다.

## 커피 가공은 물과 햇볕으로

수확된 커피체리는 중간상인이나 가공업체에 판매하거나 농가조합을 구성해 가공을 진행합니다. 커피체리는 물이나 햇볕을 이용해 가공하는데요. 가공 과정을 구분해 보면 다음과 같습니다.

**물에 씻어서 말리는 습식가공**

펄핑을 끝낸 점액질 상태의 커피 생두를 물에 담가 약 12시간 정도 발효시키는 가공법입니다. 발효가 끝난 생두는 물로 씻어서 햇볕에 말리는 과정을 거치는데요. 습식가공을 하면 물에 뜨는 쭉정이들을 걷어 내 버리기 때문에 일정한 품질의 커피를 얻을 수 있죠. 산뜻한 신맛과 일정한 향미를 갖출 수 있어 대부분의 커피 재배 국가에서 사용하는 생두 가공법입니다.

하지만 물이 부족한 국가에서는 하고 싶어도 하지 못하는 가공법이죠. 그래서 습식법을 약간 변형한 방법이 '세미워시드' 가공법인데요. 습식법에서 물에 담가 발효시키는 과정을 생략하고 점액질을 바로 흐르는 물로 씻어 내 말리는 가공법입니다. 발효 과정이 없어 신맛이 덜하고 일정한 향미를 기대하기는 어렵지만 시간과 노동력이 절약되는 장점이 있습니다.

## 햇볕에 커피체리를 말리는 건식가공

자연건조법이라고도 불리는 방법입니다. 커피체리를 골고루 펴서 말린 다음 겉껍질과 파치먼트 껍질을 한꺼번에 탈곡하는 가공 방식입니다. 이 방법을 사용하면 곰팡이나 이물질 등이 커피에 영향을 주기 때문에 손실이 많은 가공법입니다. 하지만 오렌지 향과 같은 독특한 향이 배이고 단맛이 좋아져 향미가 일품인 커피를 생산할 수 있습니다.

건식가공법을 응용한 '펄프드 내추럴' 가공법도 있는데요. 커피체리의 펄프를 제거한 다음 점액질 상태로 햇볕에 말려 탈곡하는 방법입니다. 열매를 통째로 말리는 것보다 손실이 적어 브라질 지역에서 종종 사용하는 가공법이죠.

## 어떤 가공 방식이 가장 맛이 좋을까

가공법은 크게 습식법, 자연건조법(건식가공), 세미워시드, 펄프드 내추럴로 나뉩니다. 그렇다면 이 중 어떤 가공법의 커피가 가장 맛이 좋을까요? 향이 다양한 커피를 즐기시는 분은 자연건조법 커피를 마시는 게 좋습니다. 자연건조법은 주로 에티오피아산이 많은데요. 에티오피아 예가체프 내추럴, 시다모 내추럴 등으로, 원두 이름에 자연건조법이라고 표시되어 있습니다. 펄프드 내추럴 원두는 브라질산이 많습니다.

부드러운 쓴맛, 풍부한 신맛, 조화로운 단맛으로 일정한 맛을 원하면 습식법 원두를 선택하면 됩니다. 대부분의 국가가 습식법으로 커피를 가공하기 때문에 습식법 커피에는 별도의 표시가 없습니다. 그래서 내추럴이나 펄프드 내추럴 표시가 없다면 모두 습식법 커피라 생각하면 됩니다.

# 생두의 유통과 가격 결정

여러 가지 가공 과정을 거쳐 건조한 생두는 파치먼트 상태로 통풍이 잘되는 서늘한 곳에 보관합니다. 외피가 있어 생두를 안전하게 보관할 수 있기 때문이죠. 수입국에서 주문이 들어오면 파치먼트를 탈곡해 벗겨 내고 생두 상태로 출하합니다. 수입업자는 이 생두 샘플을 받아 품질 테스트를 합니다. 모든 거래 조건이 맞아 수량과 운송일자가 결정되면 유통이 시작됩니다. 커피 생산지의 소규모 농장들은 생산자 조합의 수매를 거쳐 수출이 이루어집니다. 이렇게 수입된 생두는 도매업자를 통해 로스팅 회사나 로스터에게 공급됩니다. 요즘은 소규모 수입사나 개인 카페 운영자가 생산자와의 직거래를 통해 생두 수입을 하는 경우도 많습니다. 생두의 유통이 다양해지는 추세지요.

**CHECK POINT**

**생두의 유통 경로**

- **선물시장 등 거래시장을 통한 유통**
  원산지 → 미국·유럽 등 생두 거래시장 → 수입업체 → 도매업체 → 로스팅 회사 혹은 개인 카페

- **직수입을 통한 유통**
  원산지 → 수입업체 → 로스팅 회사 혹은 개인 카페

생두의 가격은 어떻게 결정될까요? 당연히 수요와 공급에 의해 결정되지만 기후변화에 따른 작황, 세계 경제의 변동·환율 등에도 영향을 많이 받습니다. 우리가 흔히 마트나 시장에서 구입하는 과일이나 야채도 도매시장의 경매인들을 통해 가격이 결정되어 소매가 이루어집니다. 커피 생두도 이와 같은 과정을 거치는데, 생두의 가격이 결정되는 대규모 거래소는 뉴욕과 런던에 있습니다.

**CHECK POINT**

**생두가 거래되는 시장**

- **뉴욕 대륙 간 거래소**
  주로 아라비카 생두의 거래가 이루어지는 곳입니다. 고급 스페셜티 등급의 커피보다는 상용등급의 생두의 거래가 이루어지는 곳입니다.

- **런던 국제 금융선물거래소**
  주로 로부스타 생두와 커피의 선물거래에 대한 계약이 이루어지는 곳입니다. 생두의 생산량이 많으면 가격은 하락하고, 생산지의 기상악화 등의 요인으로 생산량 감소가 예상되면 가격이 상승하는 경향이 있습니다. 또 세계 경제의 변동이 가격을 좌우하기도 합니다. 지금은 커피의 안정적인 공급과 가격 안정이 중요한 과제로 인식되고 있어 공정무역 등 새로운 거래 방법이 전 세계적으로 확대되고 있는 추세입니다.

- **스페셜티 커피의 거래**
  소비국 측에서 생두에 대한 등급규정과 향미에 관한 객관적인 평가방법을 찾게 되었습니다. 이에 미국 스페셜티 커피 협회에서 커피 맛을 객관적인 점수로 매길 수 있는 커핑폼을 완성하여 80점 이상 획득한 커피에 대해 스페셜티 커피라는 이름을 붙여 주었습니다. 스페셜티 커피는 국제 거래시장 가격과 연동되지 않고, 품질평가를 통해 스페셜티 등급이 정해지면 그에 상응하는 프리미엄이 붙어 높은 가격에 거래가 이루어집니다. 이렇게 스페셜티 등급을 부여받은 커피는 국제 옥션을 통해 직거래됩니다.

# 생두의 수송과 보관

산지에서 생산된 생두를 수입국으로 수송할 때는 주로 배를 이용합니다. 항공편은 수송료가 비싸기 때문이죠. 보통 드라이 컨테이너에 실려 수송되는 생두는 항해 중 적도 부근을 지나기 때문에 컨테이너 내부 온도가 엄청나게 올라가게 됩니다. 이런 이유로 산지에서는 좋은 상태를 유지하던 생두가 수송 과정에서 손상되는 경우도 많죠. 지역에 따라서는 고온다습한 곳도 많아 배가 정박하는 도중 생두가 상하는 경우도 허다합니다. 그래서 커피 생두의 수송과 보관 방법이 다양해지고 있는 추세입니다.

> **CHECK POINT**
>
> **생두는 어떻게 운반되고 포장될까요?**
>
> ● **수송과 보관 방법**
>
> **리퍼 컨테이너**
> 단열재를 보강하여 만든 냉장(냉동) 컨테이너로 수송 중 생두의 손상을 최소화할 수 있는 장점이 있습니다. 생산지의 생두 상태와 가장 가까운 품질을 유지할 수 있는 수송 방법입니다.
>
> **정온창고**
> 우리나라를 포함한 동북아 지역은 여름에 고온다습하고 겨울은 저온건조하기 때문에 생두의 보관에 적합하지 않은 기후입니다. 그래서 사계절 창고 내부 온도가 15℃ 정도로 일정하게 유지되는 정온창고에 생두를 보관합니다. 생두의 신선도 유지에 매우 효과적인 보관 방법이죠.
>
> ● **포장 방법**
>
> **그레인 백**
> 중간에 얇은 공기층이 있는 비닐재질의 포장지로, 3중 구조로 되어 있습니다. 생두를 외부 공기로부터 차단해 주기 때문에 험난한 수송에 적합합니다. 비닐재질로 된 그레인 백은 찢어져 손상될 수 있기 때문에 기존에 사용하던 마대 안에 넣어 사용합니다.
>
> **진공포장**
> 공기를 차단해 생두의 품질을 유지할 수 있기 때문에 최근 2~3년 사이 진공 포장 수송이 많이 증가하고 있습니다. 진공포장이 유통되기 시작한 것은 브라질의 다테아사가 생두를 '펜타박스'라는 진공팩에 담아 상자에 넣고 수송한 것이 시초입니다. 진공포장의 가장 큰 장점은 수분율을 유지하는 것으로 진공포장을 하면 최대 2년까지 품질이 유지된다고 합니다.

SECRET

# 커피의 이름에
# 숨겨진 비밀

커피와 비슷하면서도 다른 음료인 와인을 배울 때 가장 먼저 공부하는 것이 라벨 읽기입니다. 와인의 라벨은 '와인에 대한 정보를 적어 붙여 놓은 표' 정도로 정의할 수 있는데요. 프랑스어 에티켓Etiquette, 이탈리아어 에띠께따 Etichetta, 독일어 에티켓Etikett 등도 모두 영어의 라벨Label과 동일한 의미로 쓰입니다. 기본적으로 라벨에는 누가, 언제 수확한 포도로, 어디서 와인을 만들었는지를 보여 주며, 추가적으로 알코올 함량, 병입 관련 정보, 포도밭 이름, 와인양조에 사용한 포도 품종 등 자세한 정보를 알려 주기도 합니다. 와인병 뒷면의 라벨은 포도 품종에 대한 자세한 설명과 와인 양조 방식, 적정한 음용 온도, 와인과 어울리는 음식 추천 등에 대한 정보를 알려 주죠.

커피를 부르는 명칭에도 와인의 라벨과 같은 정보들이 숨어 있습니다. 커피의 재배국가, 등급, 재배지역, 재배고도, 가공 방식, 등급 등의 정보가 커피의 명칭에 함축적으로 들어 있는데요. 이런 명칭들이 어떻게 붙여지고 해석되는지 알아봅시다.

## 생두 이해하기

커피가 대중화되면서 한 잔의 향기로운 커피를 마시는 일은 일상의 작은 즐거움이 되고 있습니다. 요즘은 핸드드립을 즐기는 사람들도 많아서 핸드드립 커피를 맛볼 수 있는 카페를 어렵지 않게 찾아 볼 수 있는데요.
핸드드립으로 즐길 수 있는 커피의 이름을 보면 '자메이카 블루마운틴, 하와이안 코나…'처럼 나라이름에 산지나 농장의 이름을 붙여 놓기도 하고요. 케냐 AA, 에티오피아 예가체프 G1, 콜롬비아 Supremo 등 커피의 등급을 나타내는 수식어를 쓰기도 합니다.

**높은 지대에서 생산될수록 좋은 커피**

커피 생두의 분류 방법 중 산지 고도에 의한 분류 방법이 있는데요. 산지 고도에 의한 방법은 고도가 높을수록 밀도가 높고 맛이 좋은 커피가 생산된다는 것을 전제로 하고 있습니다.

생두의 분류 방법 중 고도에 의한 등급 분류를 택한 나라는 멕시코, 과테말라, 엘살바도르, 코스타리카, 온두라스, 니카라과 등이 있습니다. 보통 나라 이름 뒤에 'SHG(Strictly Hard Bean)' 혹은 'SHB(Strictly High Bean)' 등급을 표시합니다. 해당 나라의 가장 높은 고산지에서 커피를 재배했다는 의미이죠.

명칭은 생산 국가마다 조금씩 다르지만 고도가 높을수록 맛과 품질이 뛰어나다고 인정하고 있습니다. 그 이유는 고지대일수록 일교차가 크고 커피 열매가 팽창과 수축을 반복하면서 자라기 때문에 좋은 밀도가 갖춰지기 때문입니다. 밀도가 단단한 커피는 그만큼 더 다양한 맛과 향이 갖춰집니다.

**커피콩이 클수록 좋은 커피**

생두의 분류 중 커피콩의 크기에 의한 등급 분류에 대해 알아 보겠습니다. 생두의 크기가 클수록 좋은 커피라고 보는 분류법입니다. 생두의 1스크린 사이즈는 1/64인치로, 약 0.4mm 정도입니다. 예를 들어, 스크린 사이즈 18이라면 64분의 18인치의 구멍의 채를 통과하지 않는 콩을 말합니다. 쉽게 말해 구멍이 큰 채에 통과하지 않는 콩일수록 크고 좋은 콩이라는 뜻이죠.

생두의 크기는 '폭'을 기준으로 하며, '#' (예 : #20)으로 표시합니다. 스크린 사이즈에 의한 등급을 표시하는 나라는 대부분의 아프리카 국가와 인도, 콜롬비아 등입니다. 케냐AA, 콜롬비아 수프리모, 인도AA 등으로 표시되며 AAA-AA-A-AB 순으로 등급을 나눕니다. 콜롬비아만 유독 독자적인 분류 방식을 쓰는데요. 수프리모-엑셀소로 구분하며 수출용 생두에는 대부분 수프리모 등급이 부여됩니다.

생두의 스크린 사이즈로 등급을 분류하는 나라는 대부분 Colombia Mild Group에 속해 있습니다. 이들 나라는 커피의 품질 관리가 뛰어나고 결점두가 적은 우수한 품질의 커피를 생산한다고 알려져 있습니다.

**결점두가 많으면 나쁜 커피**

결점두에 의한 분류법은 무작위로 샘플을 검사해서 발견된 불순물과 불량두를 점수로 환산해 등급을 나누는 방법입니다. 결점두에 의한 분류를 채택한 생산국은 브라질, 에티오피아, 인도네시아, 파라과이, 쿠바 등이 있죠.

보통 생두 300g을 무작위로 추출해서 이 안에 결점두가 몇 개 있는지를 검사하는데요. 결점두가 많을수록 낮은 등급을 받아요. G1, No.2 등 낮은 숫자가 붙은 생두일수록 좋은 커피이며, G6, No.8 등 높은 숫자가 붙은 생두일수록 품질이 낮은 커피입니다.

결점두에 의한 분류를 사용하는 나라들은 내추럴 가공법을 사용하는 나라들이 많습니다. 내추럴 가공법으로 생두를 가공하면 워시드 가공법에 비해 결점두가 많이 생기기 때문이죠. 그래서 이들 국가를 Brazilian Natural 그룹으로 분류합니다.

**스페셜티 커피 분류법**

스페셜티 커피라는 단어는 1978년 미국 크누첸 여사가 프랑스의 국제커피회의에서 사용한 것이 시초입니다. '특별한 기후와 지리적 조건의 독특한 향미를 가진 커피콩'이라는 의미를 지니고 있습니다.

미국 스페셜티 커피 협회의 스페셜티 분류법은 스페셜티 등급과 프리미엄 등급으로 나뉩니다. 스페셜티 등급은 샘플 350g 중 결점두 수가 5개 이내이며, 커핑 점수가 80점 이상인 커피를 말하는데요. 프리미엄 등급은 결점두 수가 8개 이내이며, 커핑 점수가 70~79점 사이를 말합니다.

**CHECK POINT**

**스페셜티 커피를 발굴해 내는 CoE란 무엇일까요**

최고의 커피를 찾는 '커피의 오스카상'이라 불리는 Cup of Excellence는 각국의 커피 농장에서 출품한 우수한 커피를 5차례 이상의 엄격한 심사를 거쳐 그 해 최고의 커피를 뽑는 대회입니다. 1999년 브라질을 시초로 대부분 빈민국에 속하는 커피 생산국의 경제 활성화와 공정거래를 위해 시작되었습니다. 첫 CoE 대회가 열린 이래 브라질 커피의 품질 향상이 눈에 띄게 이루어졌습니다. 또한 이 대회를 통해 로스터와 소비자들은 그동안 잘 알려지지 않은 새로운 커피들을 발견해 냄으로써 커피의 신세계가 열리게 되었죠. 현재 브라질을 중심으로 콜롬비아, 코스타리카, 과테말라, 니카라과, 엘살바도르, 온두라스, 볼리비아, 르완다, 멕시코, 부룬디 등에서 매년 CoE 대회가 개최되고 있습니다.

**DELICIOUS**

어떤 커피가
맛있을까

맛있는 커피는 좋은 원두에서부터 시작됩니다. 원두는 생두에 열을 가하는 로스팅 과정을 거쳐 얻게 되는데요. 좋은 콩, 맛있는 콩을 얻기 위해선 로스팅 과정도 중요하지만 얼마나 좋은 품질의 생두로 로스팅하느냐도 중요합니다. 커피 생두는 생산지의 기온, 강수량, 토양, 온도 등의 조건에 따라 맛과 향이 달라지므로 생산지 환경도 매우 중요하답니다.

최적의 자연환경에서 생산된 좋은 생두는 아래와 같습니다.

**그 해에 생산된 짙은 청록색의 뉴 크롭이어야 합니다.**
신선한 재료로 만든 음식이 맛있는 것과 같은 이치죠.

**고지대에서 생산된 생두일수록 밀도가 좋습니다.**
고지대는 일교차가 커서 생두의 조직이 단단하고 치밀하여 더 다양한 맛과 향을 가지게 됩니다.

**알갱이가 큰 생두가 좋습니다.**
생두의 크기가 크다는 것은 그만큼 커피나무의 발육 상태도 좋고, 좋은 환경에서 잘 자랐음을 의미하기 때문에 커피의 품질 또한 좋습니다.

로스터리 카페나 온라인 원두샵에서 커피를 구입할 때는 우선 위 세 가지 조건을 충족하는 생두로 로스팅되었는지 확인하고, 되도록이면 로스팅한 날짜가 가장 최근인 것을 구입하세요. 그리고 한꺼번에 많은 양을 구입하기보다는 최대 2주일 이내에 마실 양 정도만 구입하세요. 조금 더 신선한 원두의 맛과 향을 즐기기 위해서는 홀빈(갈지 않은 통원두)을 구매해서 그라인더로 그때그때 필요한 만큼 갈아 내려 마시는 것이 제일 좋아요. 분쇄된 커피는 산소와 만나는 표면적이 커져 몇 분만 지나도 커피 맛의 풍미를 잃게 되지만 홀빈은 밀봉하여 잘 보관하면 최대 30일 정도까지는 맛과 향을 유지하기 때문이죠.

장기간 보관해야 할 경우, 한 번 먹을 양만큼 조금씩 나눠 밀폐용기나 지퍼팩에 담아 냉동실에 보관하고 먹을 때마다 상온에 잠시 꺼내 두었다가 갈아서 추출하면 돼요. 또한 원두는 탈취 효과가 있으므로 냉장고나 냉동실에 다른 음식과 함께 보관하면 다른 음식의 냄새를 흡수할 수 있으니 장기간 냉동 보관할 때는 꼼꼼하게 밀봉해 두는 것이 좋습니다. 가급적이면 냉동실이나 냉장실에 커피를 넣지 말고 신선할 때 소비하는 것이 가장 좋고요.

**FRESHNESS**

# 커피의 신선도를
# 확인하는 방법

커피만큼 신선도가 중요한 식품도 흔치 않습니다. 음료로 만들어진 커피의 맛에 가장 큰 영향을 미치는 요소는 '원두의 신선도'라 할 수 있죠. 모든 음식이 시간이 지나면 상하듯이 커피도 시간이 지날수록 맛과 향이 변질되는 산패 과정을 겪습니다. 커피의 산패에 가장 중요한 영향을 미치는 요소는 산소, 습도, 햇볕인데요. 이 세 가지 요소를 피할 수만 있다면 산패를 막을 수 있지만 불가능한 일입니다. 그래서 커피는 가능하면 볶은 지 한 달 안에 마시는 것이 좋습니다. 하지만 시중에 유통되는 커피는 대부분 이 데드라인을 넘긴, 한마디로 죽은 커피죠.

## 향과 맛으로
## 구별하기

신선한 원두일수록 구수하고 달콤하며 기분 좋은 향을 가지고 있습니다. 단맛과 쓴맛, 신맛, 바디감이 잘 조합되어 깊고 풍부한 맛을 내죠. 하지만 오래된 원두에서는 불쾌한 담배냄새, 기름이 변질된 것 같은 퀴퀴한 찌든 냄새들이 강하게 나요. 브랜드 커피전문점에서 파는 대부분의 커피는 강하고 기분 나쁜 쓴맛과 불쾌한 향을 내는 경우가 많은데요. 이는 원두를 탈 정도로 강하게 볶은 탓도 있지만 볶은 지 오래된 커피를 사용하기 때문입니다.

커피는 신선 식품입니다. 따라서 로스팅한 지 2주 이내의 커피를 파는 커피전문점을 이용한다면 신선하고 좋은 커피를 즐길 수 있습니다.

## 눈으로 확인하기

커피에 물을 부어 신선도를 확인할 수 있습니다. 분쇄된 원두를 컵이나 여과지에 담고 뜨거운 물을 부어 봅니다. 신선한 원두일수록 커피 입자에서 나온 이산화탄소가 물과 반응하여 잘 부풀어 오릅니다. 이렇게 커피빵이 생기는 원두에는 숨을 쉰다는 표현을 씁니다. 스스로 살아 있다는 표시를 하는 셈이죠. 반면 물을 부었을 때 아무런 반응이 없거나 안으로 푹 가라앉는 커피는 죽은 원두입니다. 조금 심하게 말하면 사람이 마셔서는 안 되는 커피죠.

## 제조 일자로 확인

대형 유통매장이나 마트에서 파는 커피원두에는 제조 일자가 표시되어 있지 않습니다. 대신 언제까지 유통할 수 있다는 유통기한만 표기되어 있는 경우가 많죠. 커피의 신선도를 확인하기 위해서는 정확한 제조 일자, 즉 로스팅 일자를 알아야 합니다. 마트에서 파는 원두의 경우 유통기한이 1년이라고 표시되어 있고, 유통기한이 몇 년 몇 월 며칠까지라고 표시되어 있으면 유통기한일을 기준으로 1년을 역 계산하여 제조 일자를 알 수 있습니다. 일례로 2016년 12월 31일까지가 유통기한이라면 이 커피는 2015년 12월에 로스팅되었다는 것을 알 수 있죠. 우리나라는 커피의 유통기한에 대한 법적 기준이 아직 없기 때문에 최대 2년까지 유통기한을 정하는 업체들도 많습니다. 하지만 커피는 로스팅된 날로부터 한 달이 지나면 신선도가 많이 떨어집니다.

제조일자가 표시된 www.coffeezone.net 원두

**양초로 커피의 신선도를 확인하는 방법**

한 방송에 소개된 커피의 신선도를 확인하는 방법입니다. 빈 병에 원두를 반쯤 넣고 불을 붙인 초를 넣어 봅니다. 이렇게 하면 신선한 원두는 촛불이 쉽게 꺼지고 오래된 원두는 촛불이 꺼지지 않는 것을 알 수 있습니다. 신선한 원두는 로스팅할 때 발생하는 이산화탄소가 커피콩 안에 들어 있어서 계속 이산화탄소를 방출하기 때문에 불이 쉽게 꺼지고, 오래된 원두는 커피콩 안의 이산화탄소가 이미 다 빠져 나간 상태이므로 초가 계속 타게 되는 원리입니다.

PART

07

# 커피를 보는 안목

일반적으로 커피를 즐기는 사람들은 커피가 원래 검은 원두 상태로 생산되어 나오는 식품으로 알고 있는 경우가 많습니다. 하지만 커피는 나무에 주렁주렁 달린 커피 열매를 따서 껍질을 벗기고 말려서 탈곡해야 우리가 볶아서 즐기는 커피 씨앗을 얻을 수 있습니다. 좋은 커피의 맛과 향을 가진 콩을 얻기 위해 부단한 노력이 들어가야 하는 특수한 작물인 셈이죠. 좋은 와인을 얻으려면 좋은 환경에서 자란 품질 좋은 포도가 있어야 하듯 커피도 좋은 환경에서 자란 튼실하고 좋은 커피콩이 있어야 특별한 맛과 향을 가진 커피가 됩니다.

HISTORY

커피의
역사

## 커피의 발견

커피가 처음 발견된 곳은 어디일까요? 커피의 시작에는 여러 가지 설이 있는데요. 그 첫 번째가 예멘 수도원의 양치기 칼디가 발견했다는 설입니다. 염소들이 커피를 먹고 왕성하게 날뛰는 것을 본 칼디가 수도사에게 이를 말했
고, 이후 수도승들 사이에 졸음을 쫓고 힘을 주는 약물로 복용되기 시작한 것이죠.

두 번째로는 이슬람 수도사들이 이 식물의 열매를 처음 발견하고 냄비에 끓여서 마셔 본 후 활력을 느껴 음용하기 시작했다는 이야기가 있습니다. 그들은 이 마력의 음료가 천사 가브리엘의 선물이라 여겼고, 카흐베Kahve 또는 카와Qahwah라고 불렀다고 합니다.

이러한 커피는 16세기 이슬람에서 '이슬람의 와인'으로 사랑받기도 했는데요. 그 계기가 고대부터 즐겨 마시던 와인을 마호메트가 절제와 근엄을 이유로 금지한 일이죠. 와인은 사람을 잠들게 하지만 커피는 그와 반대로 각성 효과가 있어서, 술이 금지된 이슬람에서는 사람들에게 수면에 맞서 싸우는 음료로 사랑을 받았답니다.

또한, 커피는 이슬람 제국의 통일에 박차를 가하던 투르크 제국의 전사들에게도 기운을 북돋는 음료이기도 했는데요. 기독교의 영향권에 있으면서 와인을 즐겨 마시던 나라들이 투르크 제국에 편입되면서 선교 차원에서 커피가 음용되었습니다. 콘스탄티노플에서는 와인 상점들이 문을 닫는 등 와인과 커피의 전쟁이 일어났는데, 커피가 승리했죠.

## 유럽으로 전파된 커피

빈에 최초의 커피 하우스가 생긴 과정을 설명하려면 오스만투르크(오늘날의 터키) 제국의 이야기를 빼놓을 수 없습니다. 1600년대 후반 오스만투르크 제국에 정복되어 가던 기독교 사회는 오스트리아 빈에서의 승리로 전환점을 맞게 되었습니다. 전투에서의 승전 공신이었던 게오르그 콜쉬츠키Georg Kolschitzky는 오스만투르크군이 도망친 자리에 있던 커피 자루를 모두 가져왔답니다. 아랍에서 가져온 커피를 시작으로 '푸른 병의 집(Blue Bottle, 블루 보틀)'이라는 빈 최초의 커피 하우스가 생기면서 유럽에 커피가 전파되었죠. 블루 보틀 커피는 오늘날에도 유럽과 미국에서 활발하게 활동하는 커피 전문점이기도 하죠.

오스트리아 빈 사람들은 침전물이 있어서 텁텁한 터키식 커피를 너무나 싫어했습니다. 마침 이 사람들의 기호에 맞게 여과법을 사용한 깨끗하게 걸러진 맑은 커피에 꿀이나 우유를 넣어 부드럽게 만든 커피가 나타났습니다. 나아가 빈의 커피 하우스에서 부드러운 커피와 함께 크루아상Croissant이나 크랍펜Krapfen을 곁들여 마시는 문화가 생겨나면서 유럽 전역으로 퍼져 나갔답니다.

**CHECK POINT**

**커피예찬론**

> The instinct of the coffee is temptation
> Strong aroma is sweeter then wine
> Soft taste is more rapturous than kiss
> Black as the devil
> hot as hell
> Pure as an angel
> sweet as love
>
> (Talleyrand 1754~1838)

"커피는 악마와 같이 검고, 지옥과 같이 뜨겁고,
천사와 같이 순수하고 키스처럼 달콤하다"
- 타테랑

"아아! 여자들은 울었네, 차라리 빵을 가져가세요.
커피 없이는 살 수 없어요, 우린 모두 죽을 거에요"
- 바흐

"혼탁한 피로 퍼뜨려진 망상을 날려 버리며,
마음에는 안정, 가슴에는 기쁨을 채워 준다"
- 리모종 뜨 생 디디에

"이 기쁨의 아시아산 열매를 수확하고 번성케 하라,
또한, 프랑스의 흙에서 암브로시아를 거둘 수 있도록!"
- 에스메나르

"커피가 위로 미끄러져 들어가면 모든 것이 움직이기 시작한다.
이념들은 위대한 군대처럼 전쟁터 앞으로 나가고 싸움이 벌어진다"
- 발자크

"커피를 한번 맛본 사람은 포도주 맛 따위는 영원히 잊게 될 것이다.
오, 신의 영광을 담은 음료여, 인간에게 안락과 고귀함을 선사하는 존재여"
- 시크 안사리 디에제리 한발 압달 카디르

## 식민지 역사를 따라
## 전파된 커피

정확하지는 않지만, 커피는 1500년경 남예멘 지역에서 최초로 경작되었다고 알려져 있습니다. 아라비카종은 남수단과 에티오피아, 카네포라종은 서아프리카가 원산지입니다. 그러다 1600년대 초 예멘에서 이슬람 수도승에 의해 인도 남부로 전해졌고, 네덜란드 상인이 예멘에서 암스테르담으로 가져온 커피 묘목을 식민지인 인도의 실론 섬과 인도네시아 자바에 이식해 커피 농장을 만들었습니다. 그리고 1714년 네덜란드에서 프랑스로 건너간 커피는 프랑스령인 아이티, 마르티니크 섬, 기아나, 부르봉 섬(현재 레위니옹 섬) 등으로 옮겨 심어졌죠. 그 후 기아나와 부르봉 섬에서 브라질, 케냐, 우간다, 탄자니아로, 마르티니크 섬에서 중미와 남미 여러 곳으로 전파되어 전 세계로 보급됩니다. 또 영국에서 아이티, 자메이카, 미국으로 전파되었고, 이것이 또다시 멕시코, 베네수엘라 등 카리브해 연안 국가들로 퍼져나갔습니다.

SECRET

커피 메뉴에 담긴
이야기들

1982년 하워드 슐츠라는 젊은이는 당시 대우가 좋은 회사를 그만두고 구멍가게 수준이던 스타벅스에 입사했습니다. 그러다 1987년 이 회사의 CEO가 된 슐츠는 이후 10년 동안 스타벅스를 2만 5천 명의 직원과 미국 내 1,300개 이상의 점포를 가진 회사로 키워 냅니다.

1999년 이화여대점을 시작으로 한국에 진출한 스타벅스는 이탈리안식 에스프레소 메뉴를 기반으로 사업을 확장해 현재 국내에 1,000개가 넘는 매장을 운영하고 있는데요. 우리나라의 커피 문화는 스타벅스 전과 후로 나눌 수 있다고 해도 과언이 아니죠. 스타벅스 전에는 인스턴트커피가 시장의 90%를 잠식하던, 그야말로 커피믹스의 전성기였습니다. 그러나 스타벅스가 한국에 들어온 이후에는 고급 원두커피가 40%를 차지할 정도로 원두시장이 확대되었습니다. 스타벅스의 영향으로 우리나라에서 통용되는 카페 메뉴의 이름은 대부분 이탈리안식 이름을 사용하고 있는데요. 이탈리안식 커피 이름에는 어떤 의미가 숨겨져 있는지 알아볼까요?

# 에스프레소
# Espresso

증기를 이용해 커피를 추출하는 에스프레소 머신의 탄생에 맞춰 생겨난 커피입니다. 모든 커피 추출법 중에 추출 시간이 가장 빠른 커피이기도 하죠. 영어로는 Express, 즉 빠르게 추출한다는 의미를 가지고 있습니다.

에스프레소는 추출 용량에 따라 부르는 이름이 다른데요. 추출량이 가장 적은 리스트레또는 에스프레소보다 짧은 시간에 15~20ml 정도를 뽑는 메뉴로, 쓴맛을 줄이고 산미와 향미가 도드라지는 것이 특징입니다. 작지만 훌륭하다는 뜻에서 '포코 마 부오노'라 부르기도 하죠. 또 룽고는 영어로 길다는 뜻의 Long의 의미로, 추출을 길게 해 양을 많이 뽑는 에스프레소를 말하는데요. 잔 쓴맛이 많아져 신맛은 감소하고 쓴맛이 두드러지는 특징이 있지만, 조화로운 맛은 나지 않는 단점이 있어요.

에스프레소 1잔, 즉 1샷을 지칭하는 이탈리아어는 솔로, 2샷을 의미하는 말은 도피오, 3샷을 의미하는 말은 트리플로 정리할 수 있습니다. 따라서 '에스프레소 도피오'는 30ml 에스프레소 2샷이 들어간 음료라는 뜻이죠.

# 아메리카노
**Americano**

이탈리아 사람들은 에스프레소라는 진한 커피를 마시지만 바다 건너 미국 사람들에게는 이 에스프레소가 너무 강렬했나 봅니다. 그래서 에스프레소 커피에 물을 더해 연하게 마시게 되었는데요. 미국 사람들이 마시는 커피 혹은 미국 커피라는 뜻이 붙어 아메리카노라 불리게 되었습니다. 스타벅스에서 만든 메뉴 이름을 그대로 차용해 왔다는 설도 있고, 에스프레소도 못 마시는 미국 사람들의 음료라는 뜻으로 이탈리아의 바리스타들이 비웃으며 부르던 말이 그대로 메뉴 이름이 되었다는 설이 있습니다.

# 카푸치노
## Cappuccino

이탈리아 프란체스코회에 카푸친 수도회 수도사들에 의해 유래된 이름입니다. 카푸친 수도회의 수사들은 청빈의 상징으로 모자가 달린 원피스 모양의 옷을 입는데, 진한 갈색의 거품 위에 우유 거품을 얹은 모습이 마치 카푸친 수도회 수도사들이 머리를 감추기 위해 쓴 모자와 닮았다고 하여 카푸치노라고 이름이 붙여졌죠.

# 카페라테
## Caffe Latte

'라테'라는 말은 이탈리아어로 '우유'라는 뜻입니다. 그래서 이탈리아에 가서 라테를 달라고 하면 그냥 우유를 줍니다. 우리가 마시는 카페라테를 원할 경우 분명하게 카페라테라고 말해야 합니다. 카페라테는 에스프레소와 우유를 섞어 만든 커피라는 뜻인데요. 카페라테에 바닐라 시럽이 들어가면 바닐라 라테, 캐러멜 시럽이 들어가면 캐러멜 라테라고 합니다.

# 캐러멜 마키아토
## Caramel Macchiato

마키아토라는 말은 이탈리아어로 '점을 찍다', '장식하다'란 뜻으로, 우유로 점을 찍듯 만든 메뉴를 말합니다. 캐러멜 마키아토는 캐러멜 시럽으로 만들고 소스로 토핑을 올리기 때문에 캐러멜 마키아토라는 이름이 붙었고, 에스프레소 마키아토는 에스프레소 위에 부드러운 우유 거품을 올려 만들기 때문에 붙여진 이름입니다.

# 카페모카
## Café Mocha

카페모카라는 이름은 커피와 초콜릿(모카)이 결합된 음료라는 뜻입니다. 카페라테에 초콜릿 시럽이나 소스, 파우더 등을 넣어 만든 음료를 통들어 카페모카라고도 합니다. 화이트초콜릿 소스가 들어가면 화이트 모카라 불립니다. 요즘은 부드러운 휘핑크림을 잔뜩 올려 단맛을 더 극대화시켜 마시기도 하죠.

# 아포가토
## Affogato

아포가토란 이탈리아어로 '퐁당 빠지다'라는 의미로, 에스프레소에 차가운 아이스크림이 퐁당 빠져 있는 상태를 보고 만든 메뉴입니다. 차가운 아이스크림에 뜨거운 에스프레소 샷을 부어 만드는 아포가토는 커피의 쓴맛과 아이스크림의 단맛, 커피의 뜨거움과 아이스크림의 차가움이 대비되어 아주 색다른 맛을 선사합니다.

# 프라푸치노
# Frappeccino

프라푸치노라는 이름은 이탈리아어 '프라페'와 '카푸치노'가 합성된 말입니다. 프라페는 '차갑다'라는 의미를 가지고 있습니다. 따라서 프라푸치노는 차가운 카푸치노로 해석할 수 있죠. 프라푸치노는 에스프레소, 우유, 녹차분말 등의 재료에 얼음을 많이 넣고 믹서기로 곱게 갈아 슬러시 형태로 만드는 것이 특징입니다.

# 에스프레소 콘파냐
## Espresso Conpanna

'콘'은 영어로 'With(~와 함께)'의 의미이고, '파냐'는 '생크림'을 뜻합니다. 그래서 에스프레소 콘파냐는 에스프레소에 생크림을 올린 커피를 말하죠. 에스프레소의 강렬한 맛을 조금 더 부드럽게 즐기기 위해 개발된 메뉴랍니다.

# 비엔나 커피
## Vienna Coffee

정통 이탈리안식 커피에는 없고 우리나라에만 있는 독특한 메뉴입니다. 오스트리아의 수도인 비엔나에 여행을 갔던 사람들이 그곳에서 마셨던 따뜻하고 달콤한 음료가 생각나 우리나라에 와서 찾다 보니 비엔나 커피라는 이름이 붙었습니다. 정작 오스트리아 현지에서는 '아인슈패너' 혹은 '멜랑쉬'라 불리는 커피입니다. 마부들이 손님을 기다리면서 한손에는 말고삐를 한손에는 열량이 높은 달달한 커피를 들고 마신 데서 유래된 이름입니다. 약간 진한 아메리카노 위에 부드러운 생크림을 올린 부드럽고 달콤한 커피입니다.

# 사케라토
## Shakerato

사케라토의 '사케'는 '흔들다'라는 뜻인데요. 쉐이커에 얼음을 넣고 에스프레소 샷을 넣어 세차게 흔들어 샴페인 잔에 부어 주면 음료가 완성됩니다. 에스프레소를 강렬하면서도 차게 마시는 메뉴이기도 하죠. 헤이즐넛 시럽이나 바닐라 시럽을 넣어 주면 달콤하고 강렬한 사케라토를 즐길 수 있답니다.

인스턴트커피는
어떻게 만들어질까

우리가 쉽게 즐기는 인스턴트커피를 최초로 개발한 사람은 가토 사토리라는 일본계 미국인입니다. 1901년에 화학자 가토 사토리가 시카고에서 최초로 발명한 인스턴트커피는 미국 제너럴푸드사에서 군납용으로 상품화시킨 후 2차 세계대전을 거치면서 선풍적인 인기를 끌게 됩니다. 원두보다 보관이 용이하고 간편하게 즐길 수 있었기 때문이죠. 개발 당시는 분무건조법이라는 공법을 썼는데, 커피 내린 물을 뜨거운 열풍에 통과시키면 수분은 증발하고 커피 결정만 남게 되는 방법입니다. 분무건조법은 분유를 제조할 때도 많이 이용하는 방법이지만 커피의 제조 과정에서는 커피의 맛과 향이 많이 떨어진다는 단점이 있습니다.

그래서 이를 보완하기 위해 만들어진 방법이 냉동건조법입니다. 이 공법은 커피와 물이 섞였을 때 커피가 영하 22℃에서 결빙되는 원리를 이용한 것인데요. 동결시킨 커피 입자를 진공건조시키기 때문에 분무건조법보다 커피 고유의 향을 보존할 수 있는 장점이 있습니다.

최근에 등장한 인스턴트커피는 액상원두커피입니다. 1958년 독일의 한 청년이 고안한 액상원두커피는 커피 농축액을 영하 18℃로 급속 냉각시킨 다음 물을 일정 비율로 섞어 액상 형태로 밀봉해서 유통하는 형태입니다. 액상원두커피의 장점은 분무건조법이나 냉동건조법으로 만들어진 입자 형태의 인스턴트커피보다 맛과 향이 뛰어나다는 것입니다.

abandoned vessels.

Transport Canada has
abandoned or derelict vess
waters, undoubtedly an under
Each is, at least, an eyesore a
source of environmental contamin
navigational hazard.

The cost to remove an aba
vessel ranges from small change to seve
hundred thousand dollars, depending on
complexity. As many old boats near their life
end, owners are tempted to dump unwanted
vessels in public waters. As litterbugs on
land found at the dawn of anti-litter laws,
penalties for abandoning vessels are needed
to discourage the practice.

But many government agencies are
involved: Transport Canada, the Coast Guard,
federal and provincial environmental agencies,
and local governments. Overlapping agencies
dilute responsibility, cause inefficiency and
foster inaction.

At least M-40 carries some political and
moral weight in calling on the government to
do *something*.

The bad news is that motions have no
binding legal effect. Furthermore, the wording
of the motion is vague, without specific,
measurable objectives. While M-40 calls upon
the government to "take meaningful steps
within six months," the provision is not clear

so it wou
worked fo
from a wide
with Opposit
Minister Lisa R

The bill mad                  not ideological;
and was popular.      confident it would have
passed. But Parliament rose soon after I tabled
the bill and it died on the order paper.

In all my work in Parliament, including
two successful Private Members Bills, I was
amazed how hard it was to accomplish real
progress, and how important it was to seize
common ground along the way.

At its best, MPs seriously strive for common
ground — they *all* voted for M-40. At its
worst, our processes squander opportunities
for progress. Instead of remedies to problems,
we get measures to placate voters.

With so many lawmakers and stakeholders

# 세계 3대 명품커피와 희귀커피

# 세계 3대 명품커피

세계 여러 나라에서 생산되는 커피 중에는 오랜 역사를 거쳐 많은 사람이 인정한 커피들이 있습니다. 그 중 자메이카 블루마운틴, 예멘 모카 마타리, 하와이안 코나는 커피를 즐겨 마시는 애호가들 사이에서 맛으로도 유명하지만 워낙 수확량이 적어 높은 가격에 거래되고 있죠. 이 커피들을 '세계 3대 명품커피'라고 부른답니다.

|  | 자메이카 블루마운틴 | 예멘 모카 마타리 | 하와이안 코나 |
|---|---|---|---|
| 산지 | 자메이카 동남부 블루마운틴 | 베니 마타르 | 빅 아일랜드 코나 |
| 명칭의 유래 | 자메이카 최고봉의 이름을 따서 지음 | 베니 마타르에서 생산된 커피를 모카항에서 출항하면서 유래 | 재배되는 코나 지역에서 유래 |
| 별칭 | 커피의 황제 | 커피의 귀부인 |  |
| 맛과 향 | 은은함, 부드러움, 달콤하며 스모크향 | 다크초콜릿과 흙냄새의 조화 | 달콤하고 산뜻한 과일향, 신맛과 단맛의 조화 |
| 등급 분류 | Blue Mt.<br>High Mt.<br>Prime Washed | Mattari<br>Sharki<br>Sanani | Kona Extra Fancy<br>Kona Fancy<br>Kona Prime |
| 애호가<br>(즐겨마신 명사) | 엘리자베스 여왕 | 빈센트 반 고흐 | 마크 트웨인 |

# 희귀커피

세계 3대 희귀 커피는 대량으로 생산할 수 없어 일반인들은 좀처럼 쉽게 접할 수 없는 커피인데요. 커피 애호가라면 한 번쯤 마셔 보고 싶은, 버킷리스트에 올려놓을 만한 커피들입니다. 맛이 특별하다기보다는 '희귀하다 = 귀하고 비싸다'라는 의미로 생각하면 됩니다.

**파나마 에스메랄다 게이샤**

대부분의 파나마 커피는 SHB급의 고급 마일드 커피로, 가벼운 바디감을 가지고 있으며 달콤하고 산뜻한 신맛이 두드러진 특징이 있습니다. 스페셜티 커피에서는 콜롬비아와 코스타리카의 그늘에 가려 상대적으로 인지도가 떨어지는 편이었으나 세계 스페셜티 커피 업계에 혜성처럼 등장한 커피가 바로 게이샤입니다.

에스메랄다 농장이 곰팡이병으로 인해 완전히 커피 농사를 망친 해에 계곡 꼭대기에 있던 생두만 곰팡이병을 이겨내고 있었는데 이것이 게이샤 품종이었다고 합니다. 커피품평회에서 거의 만점에 가까운 등급을 받은 게이샤 커피는 이후 최고가를 갱신하며 거래가 이루어지는데요. 하늘이 내린 선물이라는 의미에서 '신의 커피'라고 불리기도 합니다. 바디감은 다소 부드럽고 약하지만 진한 과일 향과 은은한 재스민향이 일품이고 감귤류의 산뜻한 신맛과 벌꿀의 달콤함을 가지고 있는 것이 특징입니다.

**세인트 헬레나**

나폴레옹 유배지로 잘 알려진 세인트 헬레나 섬의 커피입니다. 나폴레옹이 임종 직전까지 세인트 헬레나 커피를 찾았다는 일화가 있을 정도로 즐겨 마신 커피입니다. 이 커피는 모든 수확과 가공 과정이 사람의 손에 의해 이루어져 단 한 톨의 결점두도 없을 정도로 깨끗함과 일정한 품질을 자랑해요. 또한 외

딴섬에서만 재배가 이루어져 버번의 원종이 그대로 유지되기 때문에 버번종의 참맛을 느낄 수 있는 커피랍니다. 매년 10월에서 다음해 2월까지 수확이 이루어지고, 약 4개월에 이르는 천연 건조 과정을 거치는 세인트 헬레나 커피는 연간 수확량이 약 200kg 정도로 워낙 적기 때문에 무결점 스크린 사이즈 18+급의 경우 전량 영국 왕실에서 소비하고 있으며 초고가의 생두로 유명합니다. 커피 한 톨에 우리나라 돈으로 700원 정도 하는 비싼 몸값을 자랑하고 있죠. 시트러스한 과일 향과 산뜻한 산미, 부드러운 단맛이 특징이며 기분 좋은 여운이 도는 커피입니다.

**코피 루왁**

인도네시아, 필리핀 등 특정 지역에서 소량 생산되기 때문에 고가에 판매가 되는 일명 고양이똥 커피입니다. 코피 루왁Kopi Luwak은 인도네시아어로 Kopi=커피, Luwak=말레이 사향 고양이가 합성된 명칭입니다. 말레이 사향 고양이가 잘 익은 커피 열매를 먹으면 과육 부분은 소화되고, 커피 열매는 소화되지 않은 채 배설물과 함께 나오는데요. 이때 사향 고양이의 침과 위액 등이 소화 과정에서 섞이고 발효되면서 커피의 쓴맛은 줄어들고 특유의 구수한 맛과 향을 가지게 됩니다.

이렇게 부드러우면서 독특한 맛과 향을 찾는 사람들이 늘면서 최근 생산지에서는 사향고양이의 배설물을 찾아다니며 생두를 수확하는 것이 아니라, 사향고양이를 잡아서 사육시키면서 강제로 커피 열매만 먹여 코피 루왁을 생산하는 농가가 늘고 있습니다. 이로 인해 최고의 가격과 희소성을 자랑하던 코피 루왁은 인간의 탐욕으로 사향고양이를 말살하는 지경에까지 이르고 있어요.

CHARM

## 각기 다른 매력이 있는
## 세계의 커피 맛

커피 생두를 볶는 것을 로스팅이라고 합니다.
여기서 설명하는 커피의 맛과 향은 싱글오리진 커피 추출에 적합한
중볶음(미디엄~하이) 정도를 기준으로 하였습니다.

# 아프리카/아라비아
# Africa/Arabia

### 에티오피아(Ethiopia)

해발 1,500m 이상의 고지대에서 생산량의 절반을 10~12월에 수확합니다. 에티오피아는 내추럴 커피를 많이 생산하는데 다른 나라의 커피에서는 볼 수 없는 풍부한 꽃향기와 허브 향, 감귤계 과일 향을 가지고 있으며 좋은 신맛이 특징입니다. 맛과 향이 화려한 특성이 있어서 '커피의 귀부인'이라고 불리기도 하죠.

- **예가체프(Yirgacheffe)**
  신선한 레몬에서 느끼는 신맛과 풍부한 꽃향기, 균형 잡힌 구수한 단맛, 부드러운 질감의 커피

| | | |
|---|---|---|
| 향 | Aroma | ●●●● |
| 산도 | Acidity | ●●●●● |
| 단맛 | Sweetness | ●●● |
| 쓴맛 | Bitterness | ●●● |
| 바디 | Body | ●● |

- **하라(Harrar)**
  야생 블루베리향, 부드러운 흙 향, 오묘한 신맛을 가진 중후한 느낌의 커피

| | | |
|---|---|---|
| 향 | Aroma | ●●●●● |
| 산도 | Acidity | ●●●●● |
| 단맛 | Sweetness | ●●● |
| 쓴맛 | Bitterness | ●● |
| 바디 | Body | ●●●● |

● **시다모(Sidamo)**

예가체프보다 다소 풍부한 레몬계 과일 향, 견과류와 허브 향, 과일에서 느껴지는 신맛, 복합적인 향미가 나는 부드러운 느낌의 커피

| | | |
|---|---|---|
| 향 | Aroma | ●●●●● |
| 산도 | Acidity | ●●●●● |
| 단맛 | Sweetness | ●●● |
| 쓴맛 | Bitterness | ●●● |
| 바디 | Body | ●●● |

● **아리차(Aricha)**

자몽 향이나 살구 향과 같은 풍부한 과일 향, 깔끔하고 기분 좋은 산미, 달콤한 맛, 부드러운 바디감을 가진 커피

| | | |
|---|---|---|
| 향 | Aroma | ●●●●● |
| 산도 | Acidity | ●●●● |
| 단맛 | Sweetness | ●●●● |
| 쓴맛 | Bitterness | ●● |
| 바디 | Body | ●●● |

● **하마(Hama)**

고구마 등에서 느낄 수 있는 특유의 단맛과 향이 베리류의 새콤한 뒷맛과 함께 어우러지는 풍부한 무게감이 있는 커피

| | | |
|---|---|---|
| 향 | Aroma | ●●●● |
| 산도 | Acidity | ●●●● |
| 단맛 | Sweetness | ●●●●● |
| 쓴맛 | Bitterness | ●● |
| 바디 | Body | ●●●● |

● **툼티차(Tumticha)**

강한 감귤류의 향, 재스민과 같은 허브 향, 산뜻한 후미를 가진 균형감 있는 커피

| | | |
|---|---|---|
| 향 | Aroma | ●●●●● |
| 산도 | Acidity | ●●●● |
| 단맛 | Sweetness | ●●●●● |
| 쓴맛 | Bitterness | ●●● |
| 바디 | Body | ●●● |

● **아라모(Aramo)**

청포도나 사과에서 느낄 수 있는 시원한 과일 향, 초콜릿과 견과류의 후미, 은은한 감자 향의 후미가 조화를 이룬 커피

| | | |
|---|---|---|
| 향 | Aroma | ●●●●● |
| 산도 | Acidity | ●●●● |
| 단맛 | Sweetness | ●●●● |
| 쓴맛 | Bitterness | ●● |
| 바디 | Body | ●●● |

## 케냐(Kenya)

커피 재배에 가장 이상적인 기후를 가진 나라로 해발고도 1,500m 이상의 고원지대에서 생산됩니다. 6월 중순에서 12월 사이에 수확하며 강렬한 향과 밝은 산미가 일품으로 꼽힙니다. 지역마다 차이가 있지만 복합적인 과일 향과 감귤류의 가볍지 않은 산미, 캐러멜과 같은 단맛, 케냐 특유의 풍성한 바디감이 특징입니다. 단일 품종으로 가장 균형 잡힌 맛과 향을 가지고 있습니다.

- **케냐 AA(Kenya AA)**
  
  다크초콜릿, 호두, 캐러멜의 단 향, 풍부한 단맛, 상큼한 신맛, 적절한 바디감이 어우러진 커피

  | | | |
  |---|---|---|
  | 향 | Aroma | ●●●● |
  | 산도 | Acidity | ●●●●● |
  | 단맛 | Sweetness | ●●● |
  | 쓴맛 | Bitterness | ●●●● |
  | 바디 | Body | ●●● |

- **오타야(Othaya)**

  상큼한 과일 향, 벌꿀의 단맛, 묵직하고 부드러운 바디감, 버터의 단 여운이 인상적인 커피

  | | | |
  |---|---|---|
  | 향 | Aroma | ●●● |
  | 산도 | Acidity | ●● |
  | 단맛 | Sweetness | ●●● |
  | 쓴맛 | Bitterness | ●●●● |
  | 바디 | Body | ●●●●● |

## 탄자니아(Tanzania)

국토 대부분이 평야와 고원으로 이루어져 있습니다. 이 기후 특성을 반영해 커피 생두가 회녹색을 띱니다. 캐러멜과 초콜릿 향, 너트 향이 잘 어우러져 있고 적당한 신맛이 특징이죠. 빅토리아 호수 근처에서 내추럴 방식으로 정제하는 커피는 좋은 단맛과 무게감을 가지고 있으며, 대부분의 지역에서는 워시드 방식으로 생산되고 있습니다.

- **킬리만자로(Kilimanjaro)**
  구운 땅콩, 바닐라 향, 꿀의 단맛, 중간의 산미와 기분 좋은 쓴맛이 어우러진 커피

| | | |
|---|---|---|
| 향 | Aroma | ●●●●● |
| 산도 | Acidity | ●●● |
| 단맛 | Sweetness | ●● |
| 쓴맛 | Bitterness | ●●●● |
| 바디 | Body | ●●●● |

- **탄자니아 피베리(Tanzania Peaberry)**
  너트 향과 캐러멜 향, 초콜릿의 단맛, 적절한 산미, 부드러운 바디감이 좋은 커피

| | | |
|---|---|---|
| 향 | Aroma | ●●●● |
| 산도 | Acidity | ●● |
| 단맛 | Sweetness | ●●● |
| 쓴맛 | Bitterness | ●●●● |
| 바디 | Body | ●●●●● |

● 모시(Moshi)

와인의 신맛, 초콜릿과 캐러멜의 단맛, 감귤 주스를 연상케 하는 풍미, 다소 약한 바디감을 가진 커피

| 향 | Aroma | ●●●●● |
|---|---|---|
| 산도 | Acidity | ●●● |
| 단맛 | Sweetness | ●●● |
| 쓴맛 | Bitterness | ●●●● |
| 바디 | Body | ●●● |

● 음베야(Mbeya)

허브차를 연상시키는 강한 향, 강한 단맛과 약한 산미, 다크초콜릿 향의 후미를 가진 마일드한 커피

| 향 | Aroma | ●●●●● |
|---|---|---|
| 산도 | Acidity | ●●●●● |
| 단맛 | Sweetness | ●●● |
| 쓴맛 | Bitterness | ●● |
| 바디 | Body | ●●●● |

---

**CHECK POINT**

**피베리(Peaberry)**

일반적인 커피는 체리 안에 마주 보는 두 개의 생두가 들어 있지만 유전적 결함이나 환경적 조건 등의 이유로 하나의 생두만 들어 있는 경우가 있는 데, 이를 피베리라고 합니다. 생두 모양이 완두콩 모양처럼 동글동글한 형태이고요. 달팽이를 닮았다고 해서 스페인어로 '카라콜리라'고 불리기도 합니다. 피베리가 크기도 작고 일정치도 않아 한때는 결점두로 취급되기도 했으나 특별한 맛과 향이 인정되어 요즘은 일반 커피콩보다 더 비싼 값에 거래되고 있습니다.

## 예멘(Yemen)

예멘은 중동지역에 속하지만 아프리카 대륙과 맞닿아 있어 아프리카 커피로 분류하기도 합니다. 에티오피아에서 전해진 커피가 세계 최초로 경작된 나라이기도 하죠. 대표적인 커피 모카Mocha는 세계 최대 커피 무역항이었던 예멘의 모카항에서 유래되었는데요. 예멘 북부지역의 커피는 부드럽고 은은하며, 남부지역은 더욱 야성적인 특징이 있습니다.

- **모카 마타리(Mocha Mattari)**

  예멘 북부지역에서 재배되며 반고흐가 즐겼던 커피로 잘 알려져 있음. 마타리는 모카 중 최고 등급을 지칭하는 용어이며, 풍부한 초콜릿 향, 레드와인의 산미, 부드러운 쓴맛, 묵직한 바디감이 잘 어우러진 커피로 '커피의 여왕'이라고 불림

| | | |
|---|---|---|
| 향 | Aroma | ●●●●● |
| 산도 | Acidity | ●●●● |
| 단맛 | Sweetness | ●● |
| 쓴맛 | Bitterness | ●●●● |
| 바디 | Body | ●●●● |

- **모카 히라지(Mocha Hirazi)**

  1,000~1,300m의 고지대에서 재배되며 10~12월 경에 수확하며, 대부분 내추럴 방식으로 가공. 생두는 노란빛을 띠며 일정치 않은 크기와 풍부한 과일 향, 부드러운 단맛이 특징

| | | |
|---|---|---|
| 향 | Aroma | ●●●● |
| 산도 | Acidity | ●●●●● |
| 단맛 | Sweetness | ●● |
| 쓴맛 | Bitterness | ●● |
| 바디 | Body | ●●● |

- **모카 사나니(Mocha Sanani)**

  예멘 남부지역에서 재배되는 모카 사나니는 모카 마타리보다 산도가 다소 낮지만, 과일 향과 꽃향기가 좋은 부드러운 커피

| | | |
|---|---|---|
| 향 | Aroma | ●●●● |
| 산도 | Acidity | ●● |
| 단맛 | Sweetness | ●● |
| 쓴맛 | Bitterness | ●●●●● |
| 바디 | Body | ●●● |

## 부룬디(Burundi)

1930년대 벨기에로부터 커피가 전파되었습니다. 해발 1,500m 지역에서 버번 종을 생산하고 있으며, 오렌지 계열의 신맛, 열대과일의 단맛, 진한 초콜릿의 향미, 기분 좋은 여운이 특징입니다. '아프리카의 마음'이라고 불리며 커피 전량이 미국, 독일, 핀란드, 일본, 우리나라 등지로 수출되고 있습니다.

- 부룬디(Burundi)
  상큼한 청포도 향, 감귤류의 달콤함, 부드럽고 튀지 않는 신맛, 구수한 스모크향, 은은한 청량감이 있는 후미를 가진 커피

| | | |
|---|---|---|
| 향 | Aroma | ●●●● |
| 산도 | Acidity | ●● |
| 단맛 | Sweetness | ●●●● |
| 쓴맛 | Bitterness | ●●● |
| 바디 | Body | ●●● |

## 르완다(Rwanda)

비옥한 화산재 토양으로 커피가 자라기 좋은 최적의 환경을 가지고 있습니다. 이런 환경에서 자란 커피나무의 체리는 천천히 익어가며 독특한 맛과 향을 가진 커피가 됩니다. 밝고 화려한 베리류의 향과 와인향이 일품이며, 부드러운 단맛이 잘 어우러져 있으며 화산재 토양의 스파이시한 흙 향이 느껴지는 독특한 커피입니다.

- 르완다(Rwanda)
  블루베리의 향, 버터 향, 은은한 흙 향, 길게 이어지는 무게감, 풍부한 단맛, 다소 늦게 치고 올라오는 산미가 독특한 커피

| | | |
|---|---|---|
| 향 | Aroma | ●●●● |
| 산도 | Acidity | ●● |
| 단맛 | Sweetness | ●●●●● |
| 쓴맛 | Bitterness | ●●● |
| 바디 | Body | ●●● |

## 말라위(Malawii)

말라위는 케냐와 탄자니아 사이에 있는 국가로 풍토나 기후 또한 비슷하죠. 비옥한 토양과 풍부한 강수량 등 커피를 재배하기에는 최적의 요건을 가지고 있지만, 케냐나 탄자니아보다 수확량은 적습니다. 하지만 다른 동아프리카의 커피들보다 뒷맛이 부드럽고 가벼운 꽃향기가 매력적인 커피를 생산하고 있습니다.

● **말라위 AA(Malawii AA)**

신선한 레몬 향, 삼나무 향, 다소 약한 듯하면서도 은근히 감도는 단맛, 부드러우면서도 목 넘김이 풍부한 바디감을 느낄 수 있는 커피

| 향 | Aroma | ●●●● |
|---|---|---|
| 산도 | Acidity | ●● |
| 단맛 | Sweetness | ●●● |
| 쓴맛 | Bitterness | ●●● |
| 바디 | Body | ●●●●● |

# 아시아/태평양
# Asia/Pacific

### 인도네시아(Indonesia)

수마트라 섬, 자바 섬, 술라웨시 섬 등에서 세계 네 번째로 많은 커피를 생산하는 나라입니다. 인도네시아의 커피는 개성이 강하고 좋은 쓴맛과 바디감을 가지고 있는데 그동안은 품질보다 저평가 받아 왔는데요. 이제는 지역별 고급화 추세로 굉장히 좋은 커피들이 생산되고 있습니다.

- **수마트라 만델링(Sumatra Mandheling)**
  견과류의 고소한 향, 후추와 같은 스파이시한 향, 묵직하고 강렬한 바디감, 부드러운 신맛, 강렬한 단맛과 쓴맛의 커피

| | | |
|---|---|---|
| 향 | Aroma | ●●● |
| 산도 | Acidity | ●● |
| 단맛 | Sweetness | ●●● |
| 쓴맛 | Bitterness | ●●●● |
| 바디 | Body | ●●●●● |

- **자바(Java)**
  로부스타종. 흙, 바스마티 쌀의 향, 부드럽고 묵직한 쓴맛과 바디감, 은은한 꽃향기, 중간 정도의 단맛, 산미는 다소 약함

| | | |
|---|---|---|
| 향 | Aroma | ●●● |
| 산도 | Acidity | ● |
| 단맛 | Sweetness | ●● |
| 쓴맛 | Bitterness | ●●●●● |
| 바디 | Body | ●●●● |

● 코피 루왁(Kopi Luwak)

인도네시아어로 커피를 뜻하는 코피와 긴 꼬리 사향고양이를 뜻하는 루왁이 결합한 이름으로, 시벳 커피Civet Coffee라고도 불림. 말레이 사향고양이가 커피 열매를 먹은 후 소화되지 않고 배설된 것으로 만드는 커피로 캐러멜, 초콜릿 향, 숙성된 부드러운 풍미가 좋고 산미가 훌륭함

| 향 | Aroma | ●●●●● |
| 산도 | Acidity | ●●● |
| 단맛 | Sweetness | ●●●● |
| 쓴맛 | Bitterness | ●● |
| 바디 | Body | ●●●● |

## 인도(India)

아시아에서 세 번째로 큰 커피 생산국입니다. 고소한 인도 커피는 처음에는 강렬하지만 금방 사라지는 쓴맛이 특징입니다. 인도 몬순 커피는 습기를 머금은 열대 계절풍으로 수 주간 자연 건조시켜서, 그 맛과 향이 독특합니다.

● **몬순 말라바르(Monsooned Malabar)**

몬순 기후에 인위적으로 숙성시킨 커피로 생두가 변색이 되어 노란색을 띠며 독특한 향미를 가지고 있음. 캐러멜 향, 짚 향, 삼나무 향, 단맛과 구수하면서도 톡 쏘는 맛이 특징

| | | |
|---|---|---|
| 향 | Aroma | ●●●●● |
| 산도 | Acidity | ● |
| 단맛 | Sweetness | ●●● |
| 쓴맛 | Bitterness | ●●●●● |
| 바디 | Body | ●● |

● **카피로얄(Kappi royal)**

로부스타종. 고소한 견과류의 향, 곡물가루 향과 같은 고소함, 쓴맛이 강하고 단맛과 신맛은 중간이지만 바디감이 좋은 커피

| | | |
|---|---|---|
| 향 | Aroma | ●●● |
| 산도 | Acidity | ● |
| 단맛 | Sweetness | ●● |
| 쓴맛 | Bitterness | ●●●●● |
| 바디 | Body | ●●● |

### 파푸아뉴기니(Papua New Guinea)

1937년 자메이카 블루마운틴 지역에서 수입된 종자로 경작이 시작되었습니다. 마운트 하겐Mount Hagen 주위의 고산지대에서 주로 재배되는데요. 4~9월에 수확하며 생산량 대부분이 유기농 커피입니다.

- **블루마운틴(Blue Mountain)**
  
  꽃 향, 열대과일 향, 기분 좋은 단맛과 신맛, 크리미한 바디감이 좋은 커피

| | | |
|---|---|---|
| 향 | Aroma | ●●●● |
| 산도 | Acidity | ●●● |
| 단맛 | Sweetness | ●●●● |
| 쓴맛 | Bitterness | ●● |
| 바디 | Body | ●●●● |

## 하와이(Hawaii)

1825년부터 커피 경작을 시작한 하와이는 미국 영토 중 유일하게 커피 재배가 가능한 곳입니다. 모로카이Morokai, 카우아이Kauai, 마우이Maui 섬 등에서 재배되며 가장 큰 섬인 빅 아일랜드Big Island의 코나 지역에서 가장 많이 재배되기 때문에 코나라는 이름으로 판매합니다. 9월에서 이듬해 3월 사이에 수확하며, 폴리싱 과정을 거치기 때문에 생두가 매끈하면서도 짙은 녹색을 띱니다.

### ● 코나(Kona)

자메이카의 블루마운틴, 예멘의 모카 커피와 함께 세계 3대 커피로 인정받는 커피이며, Extra Fancy - Fancy - Prime 순의 등급으로 나뉨. 캐러멜, 커피 꽃, 메이플시럽을 연상케 하는 풍부한 향, 와인에서 느낄 수 있는 산미, 기분 좋은 감칠맛, 부드럽게 감기는 바디감이 특징

| | | |
|---|---|---|
| 향 | Aroma | ●●●●● |
| 산도 | Acidity | ●●●● |
| 단맛 | Sweetness | ●●●● |
| 쓴맛 | Bitterness | ●● |
| 바디 | Body | ●●●● |

## 미얀마(Myanmar)

프랑스 식민지 시절부터 커피 재배에 적합한 지역인 샨Shan주에서 주로 커피가 생산되었으며 대부분 중국과 프랑스로 수출되고 있어요. 부담 없는 무게감과 함께 풍부한 단맛과 너트향, 시트러스한 산미가 매력적인 커피가 생산되고 있습니다.

- **샨허니(Shan Honey)**

  자몽 향, 라임 향, 부드러운 산미와 단맛, 가벼운 쓴맛이 좋은 여운을 주는 커피

| | | |
|---|---|---|
| 향 | Aroma | ●●●● |
| 산도 | Acidity | ●●●● |
| 단맛 | Sweetness | ●●●● |
| 쓴맛 | Bitterness | ●● |
| 바디 | Body | ●●● |

## 베트남(Vietnam)

19세기 프랑스 식민지 시절에 커피를 재배하기 시작하였고, 1990년대 이르러 베트남 정부 정책에 의해 생산량이 급격히 늘어 세계 2위의 생산 대국이 되었습니다. 주로 인스턴트커피용 로부스타를 생산하다 최근 들어 고급 아라비카종 생산으로 전환하고 있습니다.

- **블루드래곤(Blue Dragon)**

  로부스타종. 옥수수와 같은 구수한 향, 견과류의 고소한 향, 적절한 쓴맛과 단맛의 조화, 묵직한 바디감이 특징인 커피

| | | |
|---|---|---|
| 향 | Aroma | ●●● |
| 산도 | Acidity | ●● |
| 단맛 | Sweetness | ●●● |
| 쓴맛 | Bitterness | ●●●● |
| 바디 | Body | ●●● |

# 중앙 아메리카
# Central America

### 멕시코(Mexico)

멕시코시티를 기준으로 남동쪽 1,700m 이상의 고산지대에서 재배됩니다. 멕시코는 국토의 1/3이 고원지대랍니다. 그래서 고지대에서 생산된 커피라는 뜻의 스페인어 '알투라Altura'라는 이름을 붙여 수출하고 있습니다.

### ● 알투라(Altura)

아몬드의 향과 같은 견과류 향, 특유의 단맛, 은은한 계피와 바닐라를 연상시키는 풍미, 가볍게 끊어지는 산뜻한 후미

| | | |
|---|---|---|
| 향 | Aroma | ●●●● |
| 산도 | Acidity | ●● |
| 단맛 | Sweetness | ●●●●● |
| 쓴맛 | Bitterness | ●●●● |
| 바디 | Body | ●● |

## 과테말라(Guatemala)

국토 대부분이 미네랄이 풍부한 화산재 토양으로 이루어져 있고 아직도 화산 활동이 활발한 지역입니다. 그래서 화산에서 내뿜는 질소를 커피나무가 흡입해 자연스럽게 스모크향이 커피에 배어 '스모크 커피의 대명사'라는 별칭을 얻게 되었죠. 안티구아Antigua가 대표적인 브랜드이지만 최근 들어 마이크로랏, 게이샤 등의 고급화 재배가 이루어지고 있습니다.

● 안티구아(Antigua)

스모크 향, 캐러멜 향, 스파이시한 느낌의 향, 강하고 묵직한 바디감, 적당한 산미와 당도

| | | |
|---|---|---|
| 향 | Aroma | ●●●●● |
| 산도 | Acidity | ●●● |
| 단맛 | Sweetness | ●● |
| 쓴맛 | Bitterness | ●● |
| 바디 | Body | ●●●● |

**엘살바도르(El Salvador)**

국토의 12%가 커피 농장인 엘살바도르는 중앙아메리카 최대 커피 생산지이지만, 정전 불안으로 대규모 커피 농장 형태가 아닌 가내 수공업 형태의 커피 재배가 주를 이루고 있습니다. 비옥한 토질, 해발고도, 기후 모두 좋은 환경을 갖추고 있으며 마야족 전통 방식으로 커피를 생산하고 있습니다.

● **엘살바도르 SHG(El Salvador SHG)**

사과 향, 감귤 향, 살구 향, 바닐라 시럽의 달콤함, 부드러운 신맛, 달콤함과 고소한 견과 향이 어우러짐

| | | |
|---|---|---|
| 향 | Aroma | ●●●●● |
| 산도 | Acidity | ●●● |
| 단맛 | Sweetness | ●●●● |
| 쓴맛 | Bitterness | ●● |
| 바디 | Body | ●● |

## 온두라스(Honduras)

전 세계 커피 생산량 10위 안에 드는 커피 생산 대국입니다. 국토의 70~80%가 고지대 산악지형으로 이루어져 있어 커피 재배에 적합한 화산재 토양을 갖고 있죠. 커피는 주로 5~10월에 수확하고 산타바르바라Santa Barbara, 코판Copan, 렘피라Lempira, 라파스La Paz가 주요 생산지입니다.

- **온두라스 SHG(Honduras SHG)**

  아카시아꿀 향, 베리류의 향, 부드러운 초콜릿의 맛, 좋은 산미, 산뜻하면서도 깔끔한 바디감, 감귤류의 후미

| | | |
|---|---|---|
| 향 | Aroma | ●●●● |
| 산도 | Acidity | ●●●● |
| 단맛 | Sweetness | ●●●● |
| 쓴맛 | Bitterness | ●● |
| 바디 | Body | ●●● |

## 니카라과(Nicaragua)

니카라과 커피는 멕시코와 과테말라 커피를 합쳐 놓은 것 같은 향미를 풍깁니다. 고소하기도 하고 묵직하기도 한 매력이 있죠. 유기농 재배와 그늘 재배 방식을 사용하여 고품질 커피를 생산하고 있는데요. 한 가지 가공방식을 고집하지 않고 여러 가지 방식을 사용하고 있어 다양한 맛과 향의 커피가 생산되고 있습니다. 니카라과 커피 중 고품질의 생두는 지노테가Jinotega, 마타갈파Matagalpa, 세고비아Segovia 지역에서 생산되며, 마라카투라 품종 외에 카투라, 티피카, 버번 품종 등이 생산됩니다.

- **니카라과 SHG(Nicaragua SHG)**
  아몬드 향, 라즈베리 향, 몰트 향, 와인의 산미와 풍미, 버터의 부드러운 바디감, 바나나의 후미

| | | |
|---|---|---|
| 향 | Aroma | ●●●● |
| 산도 | Acidity | ●●● |
| 단맛 | Sweetness | ●●● |
| 쓴맛 | Bitterness | ●● |
| 바디 | Body | ●●● |

## 코스타리카(Costa Rica)

로부스타 품종의 재배를 법적으로 금지하고 있으며 품질이 좋은 아라비카종을 100% 생산하는 나라입니다. 국토 대부분이 무기질이 풍부한 화산토양과 온화한 기후로 이루어져 있어 커피 생산국 중에서도 면적당 커피 생산량이 가장 높고 커피의 품질 또한 우수합니다. 아라비카 커피 고유의 맛과 향을 살릴 수 있는 습식 가공법만을 고집하여 세계적으로 가장 완벽한 커피로 손꼽히고 있습니다.

- **따라주(Tarrazu)**

  고소한 땅콩 향, 카카오 향, 허브 향, 톡 쏘는 산미, 중간의 바디감, 달콤한 여운

| | | |
|---|---|---|
| 향 | Aroma | ●●●● |
| 산도 | Acidity | ●●●●● |
| 단맛 | Sweetness | ●●● |
| 쓴맛 | Bitterness | ●● |
| 바디 | Body | ●●● |

## 파나마(Panama)

고도가 높은 북쪽 산악지대에서 주로 커피가 재배되고 있습니다. 화산지대가 잘 발달했고 우기와 건기가 뚜렷한 기후 특성이 있어 커피 재배에 좋은 자연조건을 갖추고 있습니다. 에티오피아, 탄자니아, 코스타리카를 거쳐 파나마에 정착한 게이샤 품종이 발견되어 커피의 맛과 향을 한 단계 끌어 올린 것으로 유명합니다.

- **파나마 SHB(Panama SHB)**

  꽃향기, 초콜릿 향, 신선한 버터 향, 좋은 산미와 부드러운 바디감

| | | |
|---|---|---|
| 향 | Aroma | ●●●● |
| 산도 | Acidity | ●● |
| 단맛 | Sweetness | ●●●● |
| 쓴맛 | Bitterness | ●● |
| 바디 | Body | ●●● |

- **에스메랄다 게이샤(Panama Esmeralda Geisha)**

  코피 루왁, 세인트 헬레나와 함께 세계에서 가장 비싼 희귀커피 중 하나임. 2004년 혜성처럼 등장하여 '신이 내린 커피', '커피의 신데렐라'라는 별칭이 붙음. 가볍지만 부드러운 바디감, 달콤함이 같이 어우러져 은은한 신맛, 재스민, 화이트와인, 베리, 파파야, 베르가못, 감귤 등의 다양하고 풍부한 향

| | | |
|---|---|---|
| 향 | Aroma | ●●●●● |
| 산도 | Acidity | ●●●● |
| 단맛 | Sweetness | ●●●● |
| 쓴맛 | Bitterness | ●●● |
| 바디 | Body | ●●● |

# 카리브해
# Caribbean Sea

### 쿠바(Cuba)

18세기 중반 아이티Haiti로부터 커피가 전해진 쿠바는 19세기 중반 커피 생산이 절정을 이루었으나 1956년 사회주의 혁명 이후 생산량이 급감하였습니다. 1960년대 커피 산업 강화를 목적으로 쿠바 정부에서 자원봉사 노동력을 사용하여 커피 성장 벨트를 개발하였으나 실패로 돌아갔죠. 하지만 1989년도에 또 다른 개선 프로그램을 도입하였는데요.  이때부터 농업 인프라가 확장되어 품질이 향상되었고 미국에서 가장 사랑받는 커피 생산 국가가 되었습니다.

- **크리스탈 마운틴(Cuba Cristal Mountain)**
  고급 시가향, 몰트 향, 고소한 견과류의 향, 부드러운 바디감, 좋은 단맛과 신맛

| 향 | Aroma | ●●●● |
|---|---|---|
| 산도 | Acidity | ●●●● |
| 단맛 | Sweetness | ●●●● |
| 쓴맛 | Bitterness | ●● |
| 바디 | Body | ●●●● |

- **알투라(Cuba Altura)**
  카카오 향, 삼목향, 아몬드 향, 기분 좋은 신맛과 부드러운 바디감

| 향 | Aroma | ●●● |
|---|---|---|
| 산도 | Acidity | ●●● |
| 단맛 | Sweetness | ●●● |
| 쓴맛 | Bitterness | ●● |
| 바디 | Body | ●●● |

## 자메이카(Jamaica)

자메이카 섬의 동쪽 끝단에 있는 블루마운틴 재배 지역은 해발 1,500m의 고지대에 걸쳐 있습니다. 블루마운틴에 걸쳐 자주 발생하는 안개와 비구름들은 천연 그늘을 형성해 커피체리를 향미가 뛰어난 커피로 완숙시킵니다. 비옥한 토양과 풍부한 강수 또한 블루마운틴을 최고의 커피로 만들어 주는 요소입니다.

- **블루마운틴(Blue Mountain)**
  달콤함과 적절한 신맛의 조화, 풍부한 아로마와 환상적인 맛의 균형

| | | |
|---|---|---|
| 향 | Aroma | ●●●●● |
| 산도 | Acidity | ●●●● |
| 단맛 | Sweetness | ●●●●● |
| 쓴맛 | Bitterness | ●● |
| 바디 | Body | ●●● |

### 도미니카(Dominica)

1725년에 도미니카 공화국으로 마르티크섬에서 커피가 전해진 후 지속적으로 좋은 커피를 생산하는 국가입니다. 도미니카의 주요산지에는 중앙 산맥에 위치한 시바오와 카리브 해에 근접한 바라오나입니다. 시바오에는 대규모 농원이 많이 있지만, 바라오나 지역은 소규모 농가가 더 많으며 티피카 종의 비율이 높은 것이 특징입니다.

- **도미니카 바라오나 AA(Dominica Barahona AA)**

  견과류의 향, 캐러멜 향, 버터 향, 좋은 신맛과 적절한 단맛, 부드러운 바디감

| | | |
|---|---|---|
| 향 | Aroma | ●●● |
| 산도 | Acidity | ●●●● |
| 단맛 | Sweetness | ●●● |
| 쓴맛 | Bitterness | ●● |
| 바디 | Body | ●●● |

# 남아메리카
# South America

### 콜롬비아(Colombia)

1800년대 초부터 커피 경작이 시작된 콜롬비아는 1900년을 기점으로 세계 최대 커피 생산국가로 발전하였습니다. 안데스 산맥 지역에서 커피가 주로 생산되는데 해발 1,400m 이상의 고지대에서 품질 높은 커피가 재배되고 있죠. 비옥한 화산재 토양과 온화한 기후, 적절한 강수량 등 이상적인 재배 조건을 갖추고 있습니다. 카페테로Cafetero라고 불리는  농부들이 습식법Wet Method으로 생산하는데 수확기는 10~2월과 4~6월 두 번입니다.

- **콜롬비아 수프리모(Colombia Supremo)**
  캐러멜과 견과류의 향, Oily 하면서도 부드러운 쓴맛과 구수함, 적절한 단맛과 바디감이 잘 어우러진 감미로운 마일드 커피의 대명사

| 향 | Aroma | ●●●● |
|---|---|---|
| 산도 | Acidity | ●● |
| 단맛 | Sweetness | ●●●● |
| 쓴맛 | Bitterness | ●●●● |
| 바디 | Body | ●●● |

## 페루(Peru)

페루 커피는 찬차마요Chanchamayo 지방에서 생산되는 커피가 제일 유명하며 안데스 산맥의 계곡지대에서 주로 재배합니다. 이곳의 커피는 약간 달고 부드러운 산도를 가지고 있습니다. 흙 향과 허브의 향이 좋고 부드러운 질감으로 균형 있는 감칠맛을 냅니다.

● **찬차마요(Chanchamayo)**

버터 향, 견과류의 향, 부드러운 신맛과 비교적 강한 단맛, 캐러멜의 여운이 오래 가는 커피

| | | |
|---|---|---|
| 향 | Aroma | ●●● |
| 산도 | Acidity | ●● |
| 단맛 | Sweetness | ●● |
| 쓴맛 | Bitterness | ●●●● |
| 바디 | Body | ●●●● |

## 브라질(Brazil)

브라질은 세계 제일의 커피 생산국이자 수출국으로, 다른 나라들에 비해 비교적 낮은 고도 대규모 농장에서 커피를 경작합니다. 20세기 초에는 값싸고 풍부한 노동력을 바탕으로 대규모 농장에서 커피를 재배해 전 세계 커피 시장의 40~50%를 점유하기도 했습니다. 로부스타도 많이 생산하지만 고급 아라비카 커피의 생산량이 늘고 있습니다.

- **옐로우 버번(Yellow Bourbon)**

  사과나 허브 향 같은 상큼한 향, 좋은 단맛, 기분 좋은 신맛, 부드러운 쓴맛, 새콤한 여운이 좋은 커피

| | | |
|---|---|---|
| 향 | Aroma | ●●●●● |
| 산도 | Acidity | ●●●● |
| 단맛 | Sweetness | ●●● |
| 쓴맛 | Bitterness | ●● |
| 바디 | Body | ●● |

- **산토스(Santos)**

  볶은 땅콩 향, 커피 꽃 향, 부드러운 단맛과 쓴맛, 상큼한 신맛, 부드러운 목 넘김이 일품인 커피

| | | |
|---|---|---|
| 향 | Aroma | ●●●● |
| 산도 | Acidity | ●●●●● |
| 단맛 | Sweetness | ● |
| 쓴맛 | Bitterness | ●● |
| 바디 | Body | ●●● |

## 볼리비아(Bolivia)

볼리비아는 아직 많은 커피 애호가들에게 알려진 곳은 아닙니다. 하지만 양질의 커피가 생산되는 것으로 유명한데, 저지대의 브라질과 달리 고산지대에서 품질 좋은 커피가 생산되기 때문이죠. 볼리비아의 생두는 크기가 크고 일정하며 짙은 초록색이랍니다.

- **볼리비아 SHB 카라나비(Bolivia SHB Caranavi)**
  다크초콜릿 향, 레드와인의 향미, 부드러운 바디감, 좋은 단맛, 기분 좋은 신맛

| 향 | Aroma | ●●●● |
|---|---|---|
| 산도 | Acidity | ●●● |
| 단맛 | Sweetness | ●●●● |
| 쓴맛 | Bitterness | ●●● |
| 바디 | Body | ●●● |

# 08

# 커피 레시피

로스팅된 원두를 갈아 뜨거운 물로 추출하여 마시기 시작한 때는 16세기입니다. 이로부터 약 200년이 지난 후에 커피는 다양한 메뉴로 만들어지기 시작했습니다. 커피에 설탕을 넣고 거기에 우유를 더하는 식으로 말이죠. 지금은 커피에 알코올, 아이스크림, 휘핑크림, 초콜릿 등 다양한 재료를 섞은 메뉴가 개발되고 있습니다. 하루가 다르게 변해가는 커피 메뉴를 따라잡기는 힘들지만 가정에서도 간단한 도구로 만들어 마실 수 있는 메뉴를 소개합니다.

# 카페 알롱제
CAFÉ ALLONGE

카페 알롱제는 프랑스어로 아메리카노라는 의미예요.
그러나 일반 아메리카노와는 달리 커피의 양을 3배 정도로 많이 넣습니다.
커피 원액을 그대로 마시기도 하고, 약간의 뜨거운 물을 희석해서 마시기도 해요.

**준비해 두세요**

에스프레소 3샷(90ml) 또는 프렌치프레스 커피 100ml, 뜨거운 물 250~300ml

**따라해 보세요**

1  예열된 잔에 에스프레소 3샷 또는 프렌치프레스 커피를 넣으세요.
2  준비된 뜨거운 물을 넣으세요.

MENU 1

## 카페오레
CAFÉ AU LAIT

커피와 우유란 의미의 프랑스풍 커피입니다.
스페인에서는 카페 콘 레체(Café Con Leche),
이탈리아에서는 카페라테(Caffe Latte)라고도 부르죠.

**준비해 두세요**

커피 원액(100ml), 따뜻한 우유 100ml

**따라해 보세요**

1  예열된 잔에 커피 원액을 부으세요.
2  따뜻한 우유를 부으세요.
3  기호에 따라 각설탕을 넣어 마시거나 잔 가장자리에 꿀을 발라 먹어도 좋아요.

**CHECK POINT** 커피 원액은 에스프레소는 아니고, 핸드드립이나 프렌치프레스 등으로 내린 커피를 말합니다.

( MENU 3 )

## 비엔나 커피
VIENNA COFFEE

쉽게 말하면 아메리카노 위에 휘핑크림을 듬뿍 얹은 커피인데요.
오스트리아 빈에서 유래하여 300년이 넘는 긴 역사를 가진 커피이기도 합니다.
시간이 지날수록 차츰 진해지는 단맛이 한데 어우러져
한 잔의 커피에서 세 가지 이상의 맛을 즐길 수 있답니다.
크림을 스푼으로 저어서 녹이지 말고 서서히 녹여 가며 마셔야 제맛이 납니다.

**준비해 두세요**

에스프레소 1샷 또는 커피 원액 100ml, 설탕 5g, 뜨거운 물 100ml, 휘핑크림

**따라해 보세요**

1  예열된 잔에 뜨거운 물을 붓습니다.
2  설탕을 넣어 잘 섞으세요.
3  에스프레소 1샷 또는 커피 원액을 부은 뒤 휘핑크림을 올리세요.
4  기호에 따라 시나몬 가루나 견과류로 장식하세요.

MENU 4

## 카푸치노
CAPPUCCINO

카푸치노는 오스트리아 합스부르크 왕가에서 처음 만들어 마셨다고 전해집니다.
에스프레소 머신이 발달하면서 전 세계적으로 유명한 메뉴가 되었죠.
기호에 따라 시나몬 가루나 초콜릿 가루를 뿌려 먹기도 하고
레몬이나 오렌지 껍질을 갈아서 얹기도 합니다.
카페라테와 다른 점은 거품 양이 훨씬 더 많다는 점이죠.

**준비해 두세요**

에스프레소 1샷, 찬 우유 200ml, 스팀피쳐

**따라해 보세요**

1  에스프레소 1샷을 추출하여 잔에 붓습니다.
2  우유를 스티밍합니다.
3  벨벳 거품을 낸 스팀 밀크를 1번에 가득 따르세요.
4  기호에 따라 시나몬 가루로 장식하세요.

**CHECK POINT**

캡슐커피 머신을 사용할 경우, 캡슐 하나 분량의 에스프레소 샷에 가정용 간이 거품기를 이용해 카푸치노 거품을 만들어 올리면 됩니다. 핸드드립 등 다른 추출 도구로 추출한 커피는 커피 원액을 많이 넣고 우유는 약간 적게 넣은 다음 거품을 올려 주면 제맛을 즐길 수 있습니다.

MENU 5

## 아이리시 커피
IRISH COFFEE

아이리시 커피는 아일랜드 더블린 공항 로비 라운지에서
고객 서비스 차원에서 추운 승객들에게 제공해 주던 커피 칵테일입니다.
아일랜드산 위스키가 커피와 조화를 이루는 다소 남성적인 커피인데요.
정신적인 편안함과 몸의 피로를 풀어 주는 효과가 있습니다.
다만, 알코올 섭취가 가능하신 분들에게만 권해 드려요.

**준비해 두세요**

아이리시 위스키 30ml, 아메리카노 200ml, 설탕 1티스푼, 휘핑크림

**따라해 보세요**

1   예열된 잔이나 와인잔에 설탕을 넣으세요.
2   아메리카노와 위스키를 넣고 저으세요.
3   휘핑크림을 올리세요.

MENU 6

# 로열 커피
ROYAL COFFEE

'커피의 황제'라 불리는 카페 로열(로열 커피)은
프랑스의 나폴레옹 황제가 즐겨 마셨다고 전해집니다.
기호에 따라 코냑이나 브랜디를 섞어 만들면 되는데요.
이때 술이 커피에 섞이지 않도록 하여 불을 붙이면 환상적인 불꽃을
감상할 수 있는 낭만적인 커피 메뉴입니다.

**준비해 두세요**

브랜디 1티스푼, 아메리카노 200ml, 각설탕 1개, 티스푼, 라이터

**따라해 보세요**

1  예열된 잔에 아메리카노를 적당하게 붓습니다.
2  잔 위에 스푼을 올려놓고 각설탕을 올립니다.
3  각설탕 위로 브랜디를 붓습니다.
4  스푼 중앙 부분에 불을 붙이세요.
5  푸른 불꽃과 함께 설탕이 다 녹으면 커피를 젓습니다.

## MENU 7

# 알렉산더 커피
**COFFEE ALEXANDER**

이 메뉴의 이름은 알렉산더라는 칵테일에서 비롯되었습니다.
즉, 알렉산더 왕과는 아무런 연관성이 없죠.

**준비해 두세요**

에스프레소 1샷 또는 커피 원액 100ml, 차가운 물, 카카오 시럽 4티스푼, 브랜디 2티스푼, 시나몬 스틱 작은 것 1개, 초콜릿 조각 혹은 가루, 휘핑크림, 여유 커피 잔 1개

**따라해 보세요**

1  조금 큰 커피 잔에 에스프레소 1샷 또는 커피 원액을 붓습니다.
2  시나몬 스틱을 작게 부순 후 커피 잔에 넣습니다.
3  약 1분간 그대로 두고 식히세요.
4  카카오 시럽 4티스푼과 브랜디 2티스푼을 넣고 천천히 섞습니다.
5  준비된 커피 잔에 약간의 여유를 주고 시나몬 스틱이 들어가지 않도록 붓습니다.
6  커피 잔에 휘핑크림을 올립니다.
7  초콜릿 조각이나 가루를 휘핑크림 위에 올립니다.

MENU 8

# 카페 콘파냐

CAFÉ CON PANNA

콘(Con)은 이탈리아어로 '~을 넣은', 파냐(Panna)는 '생크림'을 뜻합니다. 따라서 카페 콘파냐는 '커피에 생크림을 넣은 것'을 의미합니다. 비엔나 커피와 비슷하지만, 커피에 물을 넣지 않고 커피 원액에 생크림을 올리기 때문에 진한 맛을 느낄 수 있답니다.

**준비해 두세요**

에스프레소 1샷 또는 커피 원액 100ml, 휘핑크림

**따라해 보세요**

1   예열된 잔에 에스프레소 1샷 또는 커피 원액을 넣으세요.
2   휘핑크림을 예쁘게 올립니다.

MENU 9

# 카페 젤라토
CAFFE GELATO

아이스크림을 이탈리아어로 '젤라토'라고 합니다.
기호에 따라 초콜릿 소스나 견과류를 올리면 좋습니다.

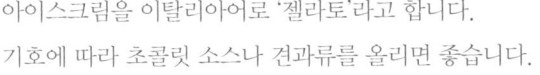

**준비해 두세요**

에스프레소 1샷 또는 커피 원액 100㎖, 바닐라 아이스크림 2스쿱(기호에 따라 다른 아이스크림 사용)

**따라해 보세요**

1   준비된 유리잔에 바닐라 아이스크림 2스쿱을 담습니다.
2   위에 에스프레소 1샷을 붓습니다.

MENU 10

# 카페 글라세
CAFÉ GLACE

커피 Café와 '설탕에 절인'이란 뜻을 가진 Glace를 합쳐 카페 글라세라 부릅니다.
프랑스인들은 식사 외에도 음식을 자주 챙겨 먹는 습관을 가지고 있습니다.
카페 글라세 또한 그들의 독특한 간식 문화에서 비롯된 메뉴입니다.
커피와 달콤한 아이스크림을 함께 먹을 수 있다는 장점이 있는 메뉴입니다.
카페 글라세는 카페 플로트 Float라고도 하는데 '뜨다, 떠오르다'의 의미입니다.
커피에 아이스크림, 생크림, 휘핑크림 등을 얹어 먹는 데서 비롯되었죠.
러시아에서는 매우 진한 커피를 즐기는데
여기에 생크림을 올리고 달콤한 설탕이나 잼을 넣어 즐겼다고 합니다.

**준비해 두세요**

에스프레소 1샷 또는 커피 원액 100ml, 아이스크림 적당량, 얼음, 휘핑크림

**따라해 보세요**

1   유리잔에 에스프레소 1샷을 넣고 얼음을 넣습니다.
2   얼음 위에 아이스크림을 적당량 올립니다.
3   아이스크림 위에 생크림이나 휘핑크림을 올립니다.

---

**CHECK POINT**

**인스턴트커피로 메뉴 만들기**

가정에 커피 추출 도구가 없다면 인스턴트커피를 활용해 몇 가지 메뉴를 만들 수도 있습니다. 커피믹스는 설탕이나 프림이 들어가 있어서 우유나 설탕이 들어가는 메뉴보다는 아이리시나 로열 커피처럼 술이 들어가는 메뉴를 만들면 좋아요. 분말 인스턴트커피로는 지금까지 언급한 모든 메뉴를 만들 수 있습니다. 다만, 인스턴트커피는 맛이 떫고 텁텁한 맛이 난다는 단점이 있으니 유념하세요.

## 커피선생 IP 아카데미 교육 안내

최신 장비를 갖춘 최고의 교육 시설에서 저자에게 직접 배우는 커피 과정

- 교육 대상
  - 현재 커피업에 종사하고 있지만 전문적인 교육을 받지 못하신 분
  - 미래의 커피 전문가를 꿈꾸는 누구나
  - 커피 자격증 취득을 원하시는 분
  - 커피를 A~Z까지 제대로 배우고자 하시는 분

- IP 커피아카데미 과정
  - 바리스타 자격 취득과정(국내외 기관 1급/2급)
  - 핸드드립 과정(핸드드립 마스터 자격 취득)
  - 로스팅 과정(커피로스터 자격 취득)
  - 컵핑 과정(커피소믈리에 자격 취득)
  - 라떼아트(라떼아트 마스터 자격 취득)
  - 카페 창업반(바리스타 1급/ 2급 통합과정)
  - 원데이 클래스

| 과정 | 일정 | 시간 |
|---|---|---|
| 주중반 | 월~금 오전/오후 | 주 2회(4시간) |
| 주말반 | 토~일 오전 | 주 1회(4시간) |

- 교육 정원 : 월 10명(선착순 등록)
- 교육 장소 : 경기도 고양시 덕양구 북한산로387번길 21 커피사이언스 1층
- 교육 신청 : https://ipacademy.modoo.at / 전화 접수: 010-6263-9595

## 커피&바리스타 첫걸음

**1판 1쇄 발행** 2023년 3월 21일
**1판 2쇄 발행** 2024년 3월 15일

**저　자** | 황호림
**발 행 인** | 김길수
**발 행 처** | ㈜영진닷컴
**주　소** | (우)08507 서울 금천구 가산디지털1로 128
STX-V타워 4층 401호
**등　록** | 2007. 4. 27. 제16-4189호

©2023. ㈜영진닷컴

ISBN | 978-89-314-6771-0

이 책에 실린 내용의 무단 전재 및 무단 복제를 금합니다.
파본이나 잘못된 도서는 구입하신 곳에서 교환해 드립니다.

YoungJin.com Y.